AF230190

# MANUEL

DE

## L'ADJUDICATAIRE ET DU GARDE-VENTE

### DES COUPES

DANS LES BOIS DE L'ETAT, DES COMMUNES
ET DES ETABLISSEMENTS PUBLICS,

CONTENANT :

1° Le texte du Cahier des charges, accompagné d'annotations résumant la jurisprudence de la cour de cassation et des cours royales sur toutes les questions controversées ; — 2° une instruction spéciale sur les droits et les devoirs des gardes-vente ; — 3° des formules de procès-verbaux.

## PAR M. E. MEAUME,

AVOCAT, JUGE SUPPLÉANT AU TRIBUNAL CIVIL DE NANCY,
PROFESSEUR DE LÉGISLATION ET DE JURISPRUDENCE A L'ÉCOLE ROYALE FORESTIÈRE.

## PARIS,

AU BUREAU DES ANNALES FORESTIÈRES,
Rue Servandoni, 17.

## NANCY,

GRIMBLOT ET VEUVE RAYBOIS, IMPRIMEURS-LIBRAIRES,
Place Stanislas, 7, et rue Saint-Dizier, 125.

## 1846.

# PRINCIPALES ABRÉVIATIONS.

Art................. Article.
Bull. des Ann. forest. Bulletin des Annales forestières.
Cass................ Cassation ou arrêt de Cassation.
Circ............... Circulaire.
C. f. ou C. forest.... Code forestier.
Comment.......... Commentaire du Code forestier. Paris et
                    Nancy, 1844-1846, 3 tomes en 5 vol. in-8°.
Décis.............. Décision.
Inst............... Instruction.
Ord............... Ordonnance réglementaire rendue pour l'exé-
                    cution du Code forestier le 1er août 1827.
P................. Page.
R. F. ou Rec. des Rég. Recueil des réglements forestiers, par Bau-
forest.                 drillart.
T.................. Tome.
Voy............... Voyez.

NANCY, IMPRIMERIE DE VEUVE RAYBOIS ET COMP.

# MANUEL

## DE L'ADJUDICATAIRE ET DU GARDE-VENTE

DANS LES BOIS DE L'ETAT,

DES COMMUNES ET DES ETABLISSEMENTS PUBLICS.

Parmi les affaires poursuivies à la requête de l'administration forestière devant les tribunaux correctionnels, celles qui concernent les adjudicataires donnent lieu aux plus sérieuses difficultés. L'expérience nous ayant démontré que, le plus souvent, les procès soutenus par les adjudicataires, jusque devant la cour de cassation, proviennent tout à la fois de ce qu'ils ignorent leurs obligations et la jurisprudence, nous avons cru qu'il était utile de leur faire connaître les précédents judiciaires, qui peuvent les éclairer sur le sens et la portée de leurs marchés avec l'Etat.

Une autre cause incessante de procès résulte de l'ignorance des gardes-vente choisis par les adjudicataires. — Un bon garde-vente peut, par sa vigilance, prévenir bien des contestations ; il est donc essentiel de tracer un tableau complet des droits et des devoirs de ces gardes, dont les fonctions se rapprochent de celles des préposés à la surveillance des bois de l'Etat et des communes.

C'est en ayant continuellement sous les yeux l'ensemble de leurs obligations, que les adjudicataires et les entrepreneurs de coupes pourront satisfaire à toutes les clauses qui leur sont imposées par la loi et par le cahier des charges, et éviter les effets de la responsabilité très-étendue que la loi fait peser sur eux.

Nous nous sommes borné à rappeler sommairement les solutions, en renvoyant pour les discussions et les textes des arrêts à notre Commentaire du Code forestier.

# PREMIÈRE PARTIE.

## CAHIER DES CHARGES.

### TITRE PREMIER.

#### DES ADJUDICATIONS.

**Art. 1er.** — Les coupes à exploiter par contenance seront adjugées à l'hectare.

Il ne pourra être fait aucune réclamation ni diminution de prix pour les places vides, mares, fossés, chemins, avenues qui se trouvent dans l'intérieur des coupes, mais seulement pour les routes royales et départementales dont la distraction n'aurait pas été faite aux plans et procès-verbaux d'arpentage.

L'affiche indiquera si les bois provenant des têtards et tranchées font partie de la vente.

Les arbres qui s'exploitent, soit séparément du taillis, soit en jardinant ou par éclaircie, seront adjugés en bloc et sans garantie du nombre.

Toutes les coupes par hectare ou par nombre d'arbres seront adjugées sans garantie d'essence, d'âge et de qualité.

**Art. 2.** — Les ventes des coupes se feront, soit par adjudications au rabais, soit par adjudications aux enchères et à l'extinction des feux, soit enfin sur soumissions cachetées.

Les ventes, à la première séance, n'auront lieu qu'au rabais (1).

_______________________________________________________

(1) Ce § est ainsi rédigé depuis 1843. Une circulaire du Ministère du 22 sept. 1843, n° 557, adressée par le directeur général aux conservateurs, explique de la manière suivante le sens et la portée de cette modification : — « Conformément aux instructions de l'administration pour la vente des coupes des trois derniers exercices, on a employé à *la première séance*, d'abord le mode des rabais, ensuite celui des enchères. Le rapprochement des résultats obtenus par ces deux modes a démontré que l'on a généralement vendu au rabais un nombre de coupes beaucoup plus considérable qu'aux enchères, et l'administration a eu aussi lieu de remarquer que le prix des coupes vendues au rabais dépassait les estimations dans une proportion beaucoup plus forte que le prix des coupes vendues aux enchères, relativement à leur estimation. — L'emploi des enchères à la première séance paraissant dès lors moins favorable au succès des adjudications que celui du rabais, il a été décidé qu'à la première séance les ventes n'auraient lieu qu'au rabais seulement. » « Dans le cas cependant où l'on n'obtiendrait pas, à la première séance, un succès complet, vous serez libre de proposer la remise à quinzaine, sans tou-

Lorsque des coupes ou des lots de coupes resteront invendus, le préfet procédera, séance tenante, si toutefois le conservateur en fait la proposition, à une nouvelle adjudication par lots ; par réunion de lots, ou en bloc, par coupe.

Lorsque, faute d'offres suffisantes, les adjudications n'auront pu avoir lieu, elles seront, sur la proposition du conservateur, ou remises, séance tenante et sans nouvelles affiches, au jour qui sera indiqué par le président, ou renvoyées à l'année suivante.

Néanmoins, le directeur général pourra autoriser la remise en vente, après nouvelles affiches, des coupes non adjugées, ou ordonner, avec l'approbation du ministre des finances, leur exploitation par économie, s'il s'agit de forêts domaniales, de même qu'il pourra prononcer le renvoi immédiat à l'année suivante des adjudications pour lesquelles une remise aurait été indiquée.

A la seconde séance, le conservateur pourra employer celui des modes qu'il jugera le plus convenable, ou les employer l'un et l'autre, et dans l'ordre qu'il déterminera.

A l'égard des coupes des bois des communes et des établissements publics, le préfet, sur la proposition du conservateur, pourra, en cas d'insuccès, autoriser l'exploitation des coupes par un entrepreneur responsable, et la vente, en bloc ou par lots, des produits façonnés de ces coupes dans une des communes voisines de la situation des bois.

Art. 3. — La vente au rabais aura lieu de la manière suivante :

La mise à prix et le taux auquel les rabais devront être arrêtés seront déterminés par le conservateur ou l'agent forestier qui le rem-

---

velles affiches, ou le renvoi immédiat à l'année suivante des coupes invendues. Toutefois ces dispositions ne sauraient m'ôter la faculté qui m'est conférée par l'art. 89 de l'ordonnance réglementaire du Code forestier, de faire renvoyer à l'année suivante les coupes pour lesquelles une seconde séance aurait été indiquée ; comme je pourrai aussi, dans des cas exceptionnels, ordonner la remise en vente, après nouvelles affiches, des coupes domaniales, dont le renvoi à l'exercice prochain aurait été prononcé lors de la première séance.

» A la seconde séance les inconvénients signalés plus haut, quant au mode de vente, ne pouvant avoir la même influence, puisqu'en général la majeure partie des coupes mises en adjudication, et même les plus importantes, sont déjà vendues, vous pourrez employer indistinctement, soit le mode des rabais, soit celui des enchères, soit enfin celui des soumissions cachetées.

» Relativement aux coupes des bois des communes et des établissements publics, la remise en vente aura toujours lieu, et, en cas d'insuccès, le préfet, sur votre proposition, pourra, conformément aux dispositions de l'ordonnance royale du 24 août 1840, autoriser l'exploitation des coupes invendues par un entrepreneur responsable, et la vente des produits façonnés dans une des communes voisines de la situation des bois.

» L'art. 2 a donc été rédigé dans le sens des observations qui précèdent. »

placera. Le chiffre en sera remis au président de la vente, après la lecture de chaque article de l'affiche (1).

La mise à prix annoncée par le crieur sera diminuée successivement jusqu'à ce qu'une personne prononce les mots : *Je prends* (2).

Dans le cas où plusieurs personnes se porteraient simultanément adjudicataires de la même coupe, elle sera tirée au sort entre elles, d'après le mode qui sera fixé par le président de la vente, sur la proposition de l'agent forestier, à moins que l'une d'elles ne réclame les enchères (3).

Art. 4. — L'adjudication aux enchères sera faite après l'extinction de trois bougies allumées successivement. Si, pendant la durée de ces trois bougies, il survient des enchères, l'adjudication ne pourra être

---

(1) Lors de l'exposition en vente des coupes, il n'est pas rigoureusement nécessaire de suivre l'ordre dans lequel elles se trouvent placées sur l'affiche, et l'on peut commencer par les articles dont la vente serait plus facile et présenterait le plus de chances de succès (circ. du 23 juillet 1838, n° 423, R. F., t. 6, p. 60).

Les préfets doivent donner aux personnes présentes aux ventes tous les avertissements nécessaires avant l'adjudication de chaque article, de manière qu'il n'y ait jamais d'erreur possible, ni sur le lot ou la masse des bois qu'il s'agit d'adjuger, ni sur les clauses générales et spéciales du cahier des charges (circ. du ministre des finances aux préfets du 12 sept. 1833, R.F., t. 4, p. 656).

L'administration des forêts recommande à ses agents de ne point adopter pour la fixation du taux de la première criée une règle uniforme. — Au moyen du tarif qui doit servir de base aux ventes, il est facile de varier cette première criée, soit en doublant, soit en triplant le prix d'estimation de la coupe, soit en prenant l'un ou l'autre des chiffres intermédiaires entre le doublement et le triplement (circ. ci-dessus citée du 23 juillet 1838).

(2) Les procès-verbaux d'adjudication ont la force et les effets d'un acte authentique, et les présidents sont seuls compétents pour statuer sur les difficultés survenues pendant ou à l'occasion des opérations (Comment. du C. forest., t. 1er, n°s 102 et 103).—De ce principe résultent les conséquences suivantes :

1° Dans le cas où un individu, après avoir prononcé les mots : *Je prends*, refuserait de signer le procès-verbal, l'Etat est en droit de le contraindre à l'exécution des conditions de la vente (voy. Comment., t.1er, n° 104 et la note).

2° On ne peut admettre la preuve testimoniale contre les énonciations d'un procès-verbal d'adjudication constatant que deux ou plusieurs personnes ont prononcé simultanément les mots : *Je prends* (voy. Comment., t. 1er, n° 104, et les notes).

Il arrive fréquemment que des amateurs prononcent les mots : *Je prends*, sans attendre que le crieur ait fini de lire le chiffre du rabais; dans ce cas, l'adjudication doit être prononcée sur le rabais précédent, puisque c'est le seul qui ait été réellement publié par le crieur, et qui, par conséquent, puisse servir de base légale à l'adjudication.

(3) Il est bien entendu que, dans ce dernier cas, ces personnes seules ont le droit de concourir aux enchères (circ. du 16 août 1841, n° 514, R. F., t. 6, p. 482).

prononcée qu'après l'extinction d'un dernier feu sans enchère survenue pendant sa durée.

Les enchères pour les coupes par contenance ne pourront être moindres de 5 francs pour les mises à prix au-dessous de 200 francs, de 10 francs pour celles de 200 à 500 francs, de 20 francs pour celles de 501 à 1,000 francs, et de 25 francs pour celles au-dessus de 1,000 francs.

A l'égard des ventes d'arbres qui se feront par nombre, les enchères ne pourront être moindres du vingtième de la mise à prix si elle est de 500 francs et au-dessous, du vingt-cinquième si elle est de 501 à 1,000 francs, et du quarantième si elle excède 1,000 fr.

Les rabais et enchères prononcés entre la première et la dernière criée ne seront pas inscrits au procès-verbal d'adjudication.

Art. 5. — L'adjudication par voie de soumissions aura lieu de la manière suivante :

Les soumissions (1) devront toujours être faites sur papier timbré et remises cachetées au commencement de la séance publique. Le président fixera un délai passé lequel aucune soumission ne pourra plus être déposée ; il sera ensuite procédé à leur ouverture. L'adjudication sera prononcée par le président, si le conservateur, ou son délégué, juge l'offre suffisante.

Lorsque plusieurs soumissionnaires auront offert le même prix, et que ce prix sera jugé suffisant, cette coupe sera tirée au sort entre eux, d'après le mode qui sera fixé par le président de la vente, sur la proposition de l'agent forestier, à moins que l'un d'eux ne réclame les enchères.

L'offre faite pour l'ensemble des lots de la coupe à vendre ne sera admise qu'autant qu'elle sera supérieure au montant des soumissions partielles, y compris, pour les lots non soumissionnés, le prix de l'estimation de ces lots.

Si l'offre jugée suffisante par le conservateur est au-dessous du prix auquel la coupe aurait été laissée à la séance précédente, il sera allumé des feux sur cette offre, et toutes personnes seront admises à

---

(1) Modèle de soumission.

Je soussigné (*nom, prénoms et demeure*), après avoir pris connaissance du cahier des charges et de l'affiche concernant les coupes (*domaniales ou communales*) de l'exercice 18  , déclare me rendre adjudicataire des lots (*séparés ou réunis*) de la coupe désignée sur l'affiche sous le n°      , aux clauses et conditions exprimées dans ledit cahier des charges, moyennant le prix (*en toutes lettres*) par hectare, ou le prix de (*en toutes lettres*) pour la totalité de la coupe, décime non compris.

faire des enchères. Dans le cas où aucune enchère ne serait faite , la coupe restera adjugée au taux de la soumission.

ART. 6. — Les personnes insolvables ne pourront prendre part aux adjudications.

Le fonctionnaire chargé de présider la vente sera juge de la solvabilité.

Aucune offre exagérée ne pourra être acceptée qu'autant que la personne qui l'aura faite fournira à l'instant une caution et un certificateur de caution solvables.

ART. 7. — La déclaration de command ne pourra être faite que séance tenante.

Si le command a les qualités requises pour être admis , et si l'adjudicataire présente son mandat immédiatement, l'acceptation du command ne sera pas nécessaire ; mais si ce dernier n'a pas donné le mandat, il sera tenu d'accepter par le procès-verbal même d'adjudication, et séance tenante (1).

La déclaration de command et l'acceptation , étant insérées dans le procès-verbal , ne donneront lieu à aucun droit particulier.

ART. 8. — Les minutes des procès-verbaux d'adjudication seront rédigées (2) sur papier visé pour timbre , et signées sur-le-champ par tous les fonctionnaires présents et par les adjudicataires ou leurs fondés de pouvoirs (3) ; et, dans le cas d'absence, ou s'ils ne veulent ou ne peuvent signer, il en sera fait mention au procès-verbal.

---

(1) La déclaration de command peut être faite au nom et au profit de plusieurs personnes ou d'une société , si le cahier des charges n'a pas limité le nombre des associés (voy. Comment. du C. forest., n° 126).

(2) Les employés des préfectures et ceux des sous-préfectures rédigent les minutes des procès-verbaux d'adjudication des bois appartenant au domaine , ainsi que les actes de déclaration de command et les cautionnements fournis pour la sûreté du prix des ventes (Instruction du 11 novembre 1818, R. F.,t.2, p. 778). — Les formules de ces actes sont visées pour timbre et enregistrées en débet (règlement ministériel du 14 juillet 1836,art. 2 et 3, R. F., t.5, p.379).

L'administration des forêts ne peut s'opposer aux cessions et rétrocessions des coupes par les adjudicataires. Elle n'intervient pas dans ces actes qui lui sont complétement étrangers (circ. du 16 septembre 1828 ; n° 186 , R. F., t. 4, p. 119).—Il suit de là que, à l'égard de l'administration, les adjudicataires sont seuls censés possesseurs des bois adjugés, et obligés à toutes les conséquences de l'adjudication , depuis le jour où elle est prononcée jusqu'au moment de leur décharge ; en conséquence, lorsqu'un adjudicataire n'a pas *déclaré command* au moment de son adjudication et n'a pas payé le prix de son acquisition , l'administration forestière, peut, en vertu du privilège que lui accorde l'art. 2102, § 4, du Code civil , faire saisir les bois *sur le lieu de l'exploitation*, quoique cet adjudicataire les ait revendus à un tiers, cass. , 27 juin 1836, R. F., t. 5, p. 434).

(3) Ce pouvoir peut être donné par acte sous signatures privées, puisque la loi n'exige pas qu'il soit en la forme authentique (Code civil, art. 1985).

**Art. 9.** — Chaque adjudicataire sera tenu, sous les peines portées par l'article 24 du Code forestier, de donner, dans les cinq jours qui suivront celui de l'adjudication, une caution et un certificateur de caution (1) reconnus solvables, lesquels s'obligeront solidairement avec l'adjudicataire à toutes les charges et conditions de l'adjudication.

L'adjudicataire sera, dans le cas de déchéance, tenu de payer les frais de la première adjudication, à raison de 1 1/2 p. 0/0 sur le prix principal (2).

**Art. 10.** — Les cautions et certificateurs seront reçus du consentement du receveur général du département ou de son fondé de pouvoirs, et en présence du receveur des domaines, pour les coupes de bois domaniaux et les coupes extraordinaires des bois des communes et établissements publics, et du consentement des maires et des receveurs de ces communes, et des administrateurs et **receveurs des** établissements publics, pour les coupes ordinaires.

Les actes en seront passés au secrétariat du lieu de la vente, et à la suite du procès-verbal d'adjudication.

## TITRE II.

### DU PRIX DES VENTES ET DES CHARGES ACCESSOIRES.

**Art. 11.** — Outre le prix principal de l'adjudication, il sera payé :
*Par les adjudicataires des coupes de bois domaniaux,*
Un décime pour franc ;
Trois p. 0/0 pour travaux (3) ;

---

(1) On appelle ainsi celui qui se rend caution d'une caution envers le débiteur principal. — Lorsque la caution et le certificateur de caution sont *solidaires* avec le débiteur principal, chacun des codébiteurs solidaires peut être poursuivi pour la totalité de la dette, sans qu'aucun des autres le soit (Code civil, art. 1200 et suivants). —Voy. aussi le Comment. sur l'art. 28 du Code forestier.

(2) La contrainte par corps peut être exercée contre un adjudicataire déchu, pour le payement de sa folle enchère, et elle peut l'être en vertu de l'acte même qui prononce la déchéance, sans qu'il soit besoin de jugement (décision ministérielle du 28 juin 1828, Comment. du Code forest., t. 1er, n° 131).

(3) La loi du 20 juillet 1837 a fait cesser, à partir de l'exercice 1838, l'usage de mettre à la charge des adjudicataires des coupes de bois de l'État les travaux d'entretien des forêts. Par un effet rétroactif de cette loi, les adjudicataires de 1837 ont déjà été assujettis à verser au trésor sur le prix des ventes une taxe de 3 p. 0/0, dont le produit a dû être mis ultérieurement à la disposition de l'administration des forêts (Ord. du 25 novembre 1839 sur cet objet).

Un et demi p. 0/0, tant pour les droits fixes de timbre et d'enregistrement des procès-verbaux et actes relatifs à l'adjudication, que pour tous autres frais ;

*Et par les adjudicataires des coupes des bois des communes et des établissements publics,*

Un décime par franc ;

Les droits fixes de timbre et d'enregistrement du procès-verbal et des autres actes relatifs à l'adjudication (1).

Les adjudicataires des coupes des bois des communes et établissements publics verseront, en outre, dans la caisse du receveur des domaines, conformément à la loi du 25 juin 1841, 5 p. 0/0 du prix principal de leur adjudication.

Les adjudicataires des coupes de bois indivises entre l'Etat et les communes ou les établissements publics verseront aussi, à la caisse du receveur des domaines, 5 p. 0/0 du prix principal d'adjudication de la portion afférente auxdits propriétaires.

Chaque adjudicataire des coupes de bois domaniaux, communaux, d'établissements publics et indivises, payera de plus les droits proportionnels d'enregistrement sur le montant de l'adjudication et sur le décime, ainsi que sur les charges accessoires (2).

ART. 12. — Les adjudicataires verseront, immédiatement après la réception des cautions :

---

(1) Les procès-verbaux d'adjudication au rabais de l'exploitation des coupes affouagères délivrées aux communes ne peuvent être visés pour timbre et enregistrés en débet (déc. minist. du 18 fév. 1832, Rec. des régl. forest., t. 4, p. 543).

Les affiches qui annoncent les ventes de coupes de bois des communes et des établissements publics ne sont pas assujetties au timbre (délibération du conseil des domaines du 6 janv. 1832, Rec. des rég. forest., t. 4, p. 534).

(2) Pour faire connaître l'ensemble des droits proportionnels auxquels donne lieu l'adjudication des coupes de bois soumis au régime forestier, nous indiquerons les exemples suivants, dans lesquels le prix principal de l'adjudication est supposé fixé à 5,000 fr. :

1° BOIS DOMANIAUX.

| | | |
|---|---|---|
| Montant de la vente.................................. | 5,000 f. | »» c. |
| Frais, 1 1/2 p. 0/0 ................................... | 75 | » » |
| Décime........................................,..... | 500 | »» |
| Travaux 3 p. 0/0. .................................... | 150 | »» |
| Total sur lequel le droit proportionnel d'enregistrement doit être perçu. ...................................... | 5,725 | »» |
| Enregistrement, 2 1/2 p. 0/0. ....................... | 143 | 12 |
| Décime sur le droit d'enregistrement. ............ | 14 | 31 |
| Total général. .......... | 5 882 | 43 |

*Pour les bois domaniaux,*

Le un et demi p. 0/0 et les droits proportionnels d'enregistrement, dans la caisse du receveur, soit de l'enregistrement, soit des domaines ;

*Pour les bois communaux et d'établissements publics ,*

Le décime pour franc du prix principal , dans la caisse du receveur de la commune ou de l'établissement propriétaire.

Les droits fixes et proportionnels de timbre et d'enregistrement, dans les caisses des receveurs, soit de l'enregistrement, soit des domaines.

Le 5 p. 0/0 du prix principal des coupes communales, d'établissements publics et indivises (portion afférente aux copropriétaires de l'État), sera versé à la caisse du receveur des domaines, dans le délai de dix jours.

Art. 15. — Dans les dix jours de l'adjudication, chaque adjudicataire fournira au receveur général des finances du département , pour les coupes des bois domaniaux et les coupes extraordinaires des bois des communes et des établissements publics, et aux receveurs de ces communes et établissements pour les coupes ordinaires :

Quatre traites payables au domicile desdits receveurs, aux échéances suivantes :

La première, au 31 mars (de l'année qui suit l'adjudication) ;

La seconde, au 30 juin ;

La troisième, au 30 septembre ;

---

### 2° Bois communaux.

S'il s'agit d'un bois de commune, les droits proportionnels sont calculés de la manière suivante :

| | | |
|---|---:|---:|
| Montant de la vente | 5,000 | » » |
| Décime | 500 | » » |
| Vingtième | 250 | » » |
| Droits fixes de timbre et d'enregistrement | Mémoire | |
| Total sur lequel le droit proportionnel d'enregistrement doit être perçu | 5,750 | » » |
| Enregistrement, 2 1/2 p. 0/0 | 143 | 75 |
| Décime sur le droit d'enregistrement | 14 | 37 |
| Total général, sauf l'article porté pour mémoire et qui est généralement de peu d'importance | 5,908 | 12 |

Outre ces droits proportionnels, l'adjudicataire d'une coupe, soit dans un bois domanial, soit dans un bois communal, paye un droit fixe de 1 fr. pour certification de caution.

La quatrième, au 31 décembre (1).

Chacune de ces traites comprendra, pour les coupes domaniales, le quart du prix principal, du décime pour franc et du 3 p. 0/0, et pour les coupes des bois des communes et des établissements publics, le quart du prix principal seulement : les fractions, s'il en existe, seront comprises dans la dernière traite (2).

Les traites n'opéreront ni novation ni dérogation aux droits résultant du procès-verbal d'adjudication, au profit de l'Etat, des communes ou des établissements propriétaires.

Tout adjudicataire qui n'aura pas fourni ces traites dans le délai prescrit ci-dessus, y sera contraint par les voies de droit, et tenu, en outre, de payer, soit à l'Etat, soit à la commune ou à l'établissement public propriétaire, à titre de dommages-intérêts, une somme équivalente au vingtième du prix total de son adjudication (3).

Art. 14. — Lorsque la même personne sera devenue adjudicataire

---

(1) Modèle des traites qui doivent être souscrites.

*A* (nom de la ville), *ce* (la date du jour où la traite est tirée), *bon pour la somme de* (en chiffres).

*Au* (le jour et le nom du mois) *prochain fixe, payez par cette seule de change, à l'ordre de M.* (le nom de la caution qui endossera), *la somme de* (en toutes lettres), *valeur en payement, à échoir à la même époque, de la coupe* (nom de la coupe du bois ou de la forêt) *dont vous êtes adjudicataire, et sans avis de* (ici le nom du certificateur qui tirera la traite).

*Accepté pour la somme de* (en toutes lettres), *que je m'engage à payer, à l'échéance, à la caisse de M. le Receveur* (désigner le receveur).

(Ici le nom de l'adjudicataire, qui, comme principal obligé, doit accepter).

*A Monsieur* (le nom de l'adjudicataire),

*adjudicataire de la coupe* (la désigner),

*à* (domicile exact de l'adjudicataire) (*).

(2) Lorsqu'un adjudicataire réclame devant le ministre des finances une réduction du prix de son adjudication, et que cette réclamation est rejetée, l'adjudicataire ne peut déférer au conseil d'Etat la décision ministérielle. Il n'y a pas là contentieux administratif. Cette décision ne constitue qu'un simple refus d'accueillir la demande, et ce refus ne fait pas obstacle à ce que l'adjudicataire porte sa réclamation devant les tribunaux civils (ord., cons. d'Etat du 2 février 1844; Bull. des Ann. forest., art. 251).

(3) La validité de cette clause qui est reproduite depuis plus de trente ans dans les cahiers des charges a été contestée; mais la cour de cassation a décidé, par arrêt du 26 juillet 1825, que cette clause était licite, et que l'adjudicataire devait, en outre, être condamné aux intérêts moratoires.

(*) Ces traites doivent être rédigées *sur timbre*. — Les papiers sur lesquels elles seraient écrites ne peuvent, sans contravention, être visés pour timbre ou timbrés à l'extraordinaire après la rédaction de ces traites (décis. minist. du 15 nov. 1850, Recueil des rég. forest., t. 4, p. 427).—En cas de non payement, ces traites ne sont pas protestées (décis. minist. du 20 nov. 1853, art. 1er). — Le recouvrement du prix de vente est poursuivi en vertu du procès-verbal d'adjudication, qui a force d'exécution parée conformément à l'art. 28 du Code forestier (voy. le comment. sur cet article).

de plusieurs lots d'une même coupe, elle conservera la liberté de souscrire des traités spéciales pour chaque lot; mais elle pourra ne fournir que des traités collectives pour le payement des divers lots adjugés, si les receveurs, après avoir agréé les cautions et certificateurs, jugent cette mesure compatible avec leur responsabilité.

Lorsqu'un bois sera indivis entre l'État et une commune, ou entre plusieurs communes, il sera souscrit des obligations séparées pour la somme revenant à chaque propriétaire.

**Art. 15.** — Les receveurs généraux feront poursuivre en leur nom, tant contre l'obligé principal que contre ses caution et certificateur de caution, le payement des traités, conformément aux lois existantes (1).

Le recouvrement du produit des coupes ordinaires des bois des communes et des établissements publics sera fait, dans les formes accoutumées, par les receveurs des communes ou des établissements propriétaires.

**Art. 16.** — En cas de retard de paiement, les intérêts courront de plein droit, sur le pied de 5 p. % par an, à partir du jour de l'exigibilité des sommes dues.

**Art. 17.** — Dans les dix jours de l'adjudication, et après l'acquittement des sommes désignées en l'article 11, il sera délivré à l'adjudicataire, au secrétariat du lieu de la vente (2), une expédition du procès-verbal (3) de son adjudication et un exemplaire du cahier

---

(1) Voy. ci-contre, page précédente, la note jointe au modèle des traités.
Lorsqu'il y a lieu à exercer des poursuites contre un adjudicataire, le receveur se fait remettre une expédition du procès-verbal d'adjudication, en ce qui concerne cet adjudicataire, et un exemplaire du cahier des charges; le tout sur papier visé pour timbre. — Les frais de cette expédition sont ultérieurement remboursés par qui de droit (circ. du 23 juillet 1838, nᵒ 423).

(2) Le secrétaire se charge de recevoir des adjudicataires le montant des sommes destinées à acquitter les droits d'enregistrement. — A cet égard, les secrétaires des mairies ont une qualité publique en ce qui touche la perception des droits d'enregistrement à la charge des adjudicataires de biens communaux. Ils ne sont pas seulement les commis ou préposés de l'administration qu'ils représentent. — Lors donc qu'ils perçoivent des droits supérieurs à ceux qui sont établis par la loi, ils commettent, non le simple *délit* de concussion, prévu par l'art. 174 du C. pénal, mais le *crime* de concussion prévu par le même article (cass., 28 mai 1842, S. V., 42, 1, 849).

(3) Ces expéditions sont rédigées, comme les minutes, par les employés des préfectures et des sous-préfectures; elles doivent être remises aux acquéreurs sans aucun frais (instruction du 11 nov. 1818; R. F., t. 2, p. 778).
Il est remis en outre : — Une expédition du procès-verbal d'adjudication à l'agent forestier chef de service; — Un extrait au préfet, quand la vente n'a pas été faite au chef-lieu de la préfecture; — Un extrait au conservateur

des charges et des clauses spéciales , le tout sur papier visé pour timbre.

# TITRE III.

### EXPLOITATION, BOIS DE MARINE, VIDANGE, RÉARPENTAGE ET RÉCOLEMENT.

ART. 18. — Le garde-vente que l'adjudicataire doit avoir , conformément à l'article 31 du Code, ne pourra être parent ou allié du garde du triage et des agents de la localité (1).

L'adjudicataire pourra présenter l'un de ses ouvriers comme garde-vente pour les coupes de taillis de peu de valeur. Le facteur ou garde-vente de l'adjudicataire sera tenu , toutes les fois qu'il en sera requis, de représenter son registre (2) aux agents forestiers, pour être visé et arrêté par eux (3).

---

des forêts ; — Une expédition au receveur des finances ; — Un extrait au directeur des domaines (Modèle du procès-verbal d'adjudication).

L'expédition destinée au receveur des communes chargé de poursuivre l'exécution des procès-verbaux d'adjudication des bois communaux doit être délivrée sur papier timbré (avis du conseil d'Etat du 15 sept. 1830, approuvé par le ministre des finances, R. F., t. 4, p. 419).

(1) L'associé ou la caution de l'adjudicataire ne peut être son garde-vente.— Quand bien même l'associé ou la caution aurait été accepté comme garde vente par l'agent forestier local , les procès-verbaux rédigés par ce facteur n'auraient aucune valeur, ils ne feraient pas foi jusqu'à preuve contraire, et, par conséquent, ils ne déchargeraient pas l'adjudicataire de la responsabilité à laquelle il est soumis , aux termes des art. 45 et 46 du Code forestier (arrêt de cassation du 5 déc. 1834 ; voy. Comment., t. 1, p. 371, en note).

A plus forte raison, doit-on considérer comme vicieuse la pratique qui s'est introduite dans quelques localités, de faire prêter serment aux entrepreneurs des coupes affouagères, et de les considérer comme pouvant remplir l'office de gardes-vente.—Il est évident que les procès-verbaux dressés par ces entrepreneurs sont nuls (voy. à cet égard le Comment. du Code forestier, t. 1, n° 674).

De ce qu'un facteur ou garde-vente ne ferait pas son devoir , il n'en résulte pas que les agents puissent obliger l'adjudicataire à le changer ; ils doivent seulement surveiller la coupe avec plus de vigilance (lettre de la direction générale du 21 mai 1829 ; voy. notes sur l'art. 94 de l'ord. réglementaire).

(2) Ce registre doit être sur papier timbré (ord. , art. 94). — L'art. 4 de la loi du 20 juillet 1837, qui a supprimé le droit de timbre spécial établi sur les livres de commerce n'est pas applicable aux registres des facteurs (décision du 6 mars 1839). — Ce registre doit être coté et paraphé par l'agent forestier (ord., art. 94).

(3) L'obligation a été imposée aux adjudicataires et aux entrepreneurs de coupes d'avoir un garde-vente , autant dans leur intérêt que dans celui de la surveillance de la forêt. — Sans un garde-vente régulièrement institué , l'ad-

L'adjudicataire pourra permettre à tous individus auxquels il livrera des bois provenant de sa coupe, de les marquer d'un marteau spécial,

---

judicataire n'a aucun moyen d'échapper à la responsabilité des délits commis par des individus étrangers à l'exploitation.—Il est responsable de ces délits, quand bien même la constatation en aurait été faite par les gardes du triage (arrêt de cassation du 14 mai 1829; voy. Comment. du C. forest., t. 1er, p. 366).

Nous allons rappeler ici sommairement les obligations, les droits et les devoirs du garde-vente.

Il doit être agréé par l'agent forestier local (C. forest., art. 31), si l'agent refusait d'agréer le facteur qui lui aurait été présenté, l'adjudicataire peut recourir aux supérieurs hiérarchiques de l'agent.— En cas de nouveau refus, l'adjudicataire pourrait se pourvoir par voie contentieuse devant le ministre des finances, et ensuite devant le conseil d'État (voy. Comment., t. 1, p. 250 et 251).

Le facteur ou garde-vente prête serment devant le juge de paix du canton dans lequel la coupe à exploiter est située (Code forest., art. 31). — Les actes de prestation de serment sont passibles du droit fixe de 1 fr. (circ. de l'enregistrement du 12 sept. 1810).

Le facteur ou garde-vente est autorisé à dresser des procès-verbaux, tant dans l'intérieur de la coupe qu'à *l'ouïe de la cognée ou réponse* (C. forest., art. 31).

Les procès-verbaux des facteurs sont soumis aux mêmes formalités que ceux des agents forestiers et font foi jusqu'à preuve contraire (Code forest., art. 31).

Les procès-verbaux des facteurs doivent être réguliers et probants, c'est-à-dire qu'ils doivent réunir toutes les conditions exigées pour la validité des procès-verbaux des gardes forestiers, et notamment celles qui sont relatives à l'écriture, à la signature, à la date, à l'affirmation et à l'enregistrement (voy. Code forest., art. 165 et 170). — Un rapport dont le rédacteur n'aurait pas rempli toutes ces formalités ne pourrait servir de base à une poursuite, et, par conséquent, ne déchargerait pas l'adjudicataire de la responsabilité (voy. à cet égard la jurisprudence de la cour de cassation résumée, t. 1er du Comment., p. 368 et suivantes).

La remise du procès-verbal doit nécessairement avoir lieu dans le délai de cinq jours; — la découverte du délinquant portée par l'adjudicataire à la connaissance de l'administration, après l'expiration de ce délai, ne ferait pas cesser la responsabilité (arrêt de cass. du 23 janv. 1807, Comment., t. 1er, p. 371).

Le délai de cinq jours court à partir du moment où le délit a été commis, et non à compter de la constatation faite par le garde-vente (arrêt de cassation du 14 août 1840, Comment., t. 1er, p. 372 et suivantes).

En supposant l'accomplissement régulier de toutes les formalités ci-dessus indiquées, il pourrait encore arriver que l'adjudicataire ne fût pas à l'abri de toute responsabilité. — En effet, si le garde-vente s'était borné à constater le délit, sans indiquer les délinquants, et sans justifier que, malgré toutes les diligences et les recherches faites en temps utile, il lui a été impossible de les découvrir, l'adjudicataire ne cesserait pas d'être responsable (voy. à cet égard la jurisprudence de la cour de cassation résumée Comment. du Code forestier, t. 1er, p. 377). — Il faut donc, lorsque le délinquant n'est pas connu du garde-vente, ou qu'il n'a pas été surpris par lui en flagrant délit, que le procès-verbal énonce toutes les démarches faites par ce facteur pour

afin de faciliter la reconnaissance desdits bois aux personnes chargées par les acheteurs de les enlever. L'empreinte de ce marteau particulier sera apposée à côté de celle du marteau de l'adjudicataire (1).

ART. 19. — Tout adjudicataire qui, avant la délivrance du permis d'exploiter, réclamera une vérification à l'effet de faire constater un déficit dans le nombre des arbres de réserve indiqué au procès-verbal de balivage et martelage, s'engage, par le seul fait de sa demande, à payer à la caisse du receveur des domaines du canton de la situation des bois une indemnité de 10 francs par jour de travail de chaque agent, et de 3 francs par jour de travail de chaque garde, s'il est reconnu qu'il n'existe pas de déficit.

ART. 20. — L'adjudicataire est tenu de prendre le permis d'exploiter, au plus tard, dans le délai d'un mois, à dater du jour de l'adjudication ; à défaut de quoi il sera tenu de payer à l'Etat, pour les coupes de bois domaniaux, aux communes et établissements publics, pour les coupes de bois leur appartenant, à titre de dommages-intérêts , une somme équivalente au quarantième du prix principal de son adjudication. Pareille somme sera due par chaque quinzaine de retard.

ART. 21. — Ce permis lui sera délivré par l'agent forestier chef

---

arriver à la découverte du délinquant, et le résultat infructueux de ces démarches.

Une circulaire de la direction générale des forêts du 25 janvier 1840 (n° 468) , a autorisé les adjudicataires de plusieurs coupes à n'avoir qu'un seul facteur, lorsque la distance de ces coupes entre elles le permet sans nuire à la surveillance.

(1) L'adjudicataire de plusieurs coupes est tenu d'avoir un marteau particulier pour chacune d'elles (circ. du 25 janv. 1840, Règl. forest., t. 6, p. 215). —Toutefois, le directeur général a décidé, le 2 décembre 1841, qu'un même marteau pouvait être employé par un adjudicataire pour toutes les coupes qui lui appartiennent. Cette tolérance a eu pour but d'éviter les embarras qui seraient résultés pour cet adjudicataire de l'obligation d'avoir autant de marteaux que de ventes.

Le § 3° de l'art. 18 du cahier des charges est une dérogation à la loi (art. 32) qui défend d'avoir plus d'un marteau pour chaque coupe. — En introduisant cette dérogation dans les cahiers des charges , depuis 1841 , l'administration a indiqué comme condition essentielle que la seconde empreinte devait être apposée à côté de celle du marteau de l'adjudicataire.—Si cette condition n'était pas observée, il y aurait délit, et l'adjudicataire pourrait se voir appliquer les peines prononcées par l'art. 32.

L'adjudicataire est responsable de l'abus de son marteau fait par son garde-vente. — En conséquence, les peines de l'art. 32 du Code forestier (500 fr. d'amende) , sont applicables à l'adjudicataire, dont le garde-vente aurait soustrait le marteau pour en marquer d'autres arbres que ceux provenant de la vente , bien que l'adjudicataire n'ait participé, ni personnellement, ni intentionnellement à cet abus (arrêt de cassation du 1er avril 1844, Bull. des Ann. forest., art. 294).

de service (1), avec une expédition du procès-verbal d'arpentage et du plan de la coupe, sur la présentation des pièces dont le détail suit :

1° Les certificats constatant qu'il a fait admettre ses cautions, fourni ses traites, et satisfait aux paiements exigés par l'article 11 du présent cahier des charges ;

2° L'expédition du procès-verbal de son adjudication ;

3° L'acte de la prestation de serment de son facteur ou garde-vente ;

4° Le registre dudit garde, pour être coté et paraphé ;

5° Son marteau, dont la forme sera triangulaire.

L'agent forestier apposera son visa sur les pièces mentionnées aux nombres 1°, 2° et 3° du présent article (2).

Art. 22.—L'adjudicataire remettra le permis au garde général, et il le préviendra du jour où il se proposera de commencer l'exploitation.

---

(1) Dans le cas où l'agent forestier refuserait à l'adjudicataire la délivrance du permis d'exploiter, il ne pourrait être dirigé contre ce fonctionnaire, personnellement, aucune poursuite judiciaire.—L'adjudicataire devrait en référer aux supérieurs hiérarchiques de l'agent forestier local, et, en cas de silence ou de refus de l'administration supérieure, l'adjudicataire devrait engager contre le préfet du département, comme représentant l'État, une instance judiciaire à l'effet de faire décider par les tribunaux si la résistance de l'administration forestière est, ou non, fondée.

(2) Les permis d'exploiter sont rédigés par les agents forestiers chefs de service, en minute, avec une seule expédition ou copie (circ. du 26 mars 1838, n° 417). — Comme acte de police intérieure, les permis d'exploiter les coupes qui se délivrent en nature, soit à des communes, soit à des usagers, sont exempts de timbre et d'enregistrement (décision du ministre des finances du 3 déc. 1825, transmise par circ. du 16 janv. 1826, n° 135). — Cependant le permis d'exploiter peut être enregistré *pour mémoire*, afin de lui donner une date certaine, lorsque cet enregistrement aura été requis par l'agent forestier (instr. des domaines, n° 1685, transmise par circ. du 22 sept. 1843, n° 537, Bull. des Ann. forest., p. 348).—Quant aux permis délivrés à des adjudicataires de coupes *domaniales*, bien que la formule imprimée par les soins de l'administration centrale porte le visa pour timbre et la mention d'enregistrement au droit de 2 f. 20, ces droits ne sont jamais acquittés par l'adjudicataire. — L'état est remboursé de ces frais conformément au mode prescrit par les art. 2, 3 et 10 du Règl. du 4 juillet 1836.

Le permis d'exploiter ne peut être délivré autrement que par écrit. — En conséquence, toute exploitation sans permis *écrit*, et quelle que soit la bonne foi de l'adjudicataire, constitue le délit prévu et puni par l'art. 30 du Code forest. (arrêt de cassation du 17 mai 1853, Comment. du Code forest., n° 152).

L'administration forestière peut, même après le payement intégral du prix de la coupe, poursuivre un adjudicataire, pour infraction à l'art. 30 du Code forestier, alors même qu'elle aurait, avant cette poursuite, fait donner citation à cet adjudicataire pour procéder au récolement, et ne lui aurait adressé aucun reproche, à l'égard des obligations dont cette opération avait pour but de reconnaître l'accomplissement (cass., 14 avril 1837, Comment. du C. forest., n° 153).

La délivrance du permis d'exploiter, *avant la prestation de serment du*

Art. 23. — A moins de clauses contraires, les bois seront exploités *à tire et aire* (1), et à la cognée , le plus près de terre que faire se pourra, de manière que l'eau ne puisse séjourner sur les souches. Les racines devront rester entières (2).

Art. 24. — Les coupes seront nettoyées, savoir : en ce qui concerne le ravalement des anciens étocs et l'enlèvement des épines, ronces et autres arbustes nuisibles, avant le terme fixé pour l'abatage; en ce qui concerne le façonnage des ramiers, avant le 1er juin *de l'année qui suit l'adjudication.*

A l'égard des ramiers provenant des bois qui auront été écorcés, en vertu du procès-verbal d'adjudication, ce dernier délai est prorogé jusqu'au 1er juillet suivant (3).

Art. 25. — Le mode d'exploitation dans les forêts traitées en futaie sera fixé par des clauses spéciales.

Art. 26. — Toute contravention aux clauses et conditions du cahier des charges générales et spéciales, *relatives au mode d'abatage des arbres, et au nettoiement des coupes,* sera punie conformément à l'article 37 du Code forestier (4).

---

*garde-vente*, n'est pas une présomption que l'administration affranchisse l'adjudicataire de la responsabilité qui pèse sur lui , en vertu des art. 45 et 46 du C. for. (cass., 24 déc. 1813, Comment. du C.forest., n° 160).

(1) Cette expression empruntée à l'ordonnance de 1669 signifie que les coupes doivent être exploitées *de suite, sans intervalle, en allant toujours en avant, sans laisser aucun bois en arrière* (arrêts de cassation des 18 fév. 1836 et 6 juillet 1837 , Comment. du C. forest., p. 301 et 303). — C'est l'opposé du mode d'exploitation par pieds d'arbres, ou *jardinage.*

(2) Toutes les infractions aux obligations imposées par cet article sont punies d'une amende de 50 à 500 fr. (Code forest., art. 37).

(3) *Id.*

(4) Il est essentiel de remarquer qu'on ne peut appliquer l'amende de l'art. 37 du Code forestier qu'à l'infraction des clauses du cahier des charges relatives au *mode* d'ABATAGE *des arbres et au* NETTOIEMENT *des coupes.*

Ainsi, il n'y a pas de délit lorsque des adjudicataires de bois *façonné* ont, contrairement à une clause du cahier des charges spéciales, enlevé ce bois sans y avoir été autorisés par un permis de l'agent forestier (arrêt de Colmar du 21 janvier 1841).

Mais le *façonnage des ramiers*, et tout ce qui s'y rapporte, fait partie du *nettoiement* des coupes (arrêt de cassation du 20 nov. 1844 , et autres de différentes cours royales , rapportés Comment. , t. 1 , p. 305 et 306). — En conséquence, la cour de Colmar a considéré comme relative au façonnage, et par conséquent au nettoiement, la clause par laquelle il est prescrit à l'adjudicataire de n'employer que des liens ou harts, délivrés par l'administration forestière (arrêt du 27 déc. 1838, Comment., t. 1, p. 307, en note). —On devrait encore appliquer l'art. 37 à la violation de la clause qui aurait prescrit un mode particulier de *façonnage* des arbres abattus, puisque le façonnage fait partie du nettoiement (voy. comment., t. 1er, p. 308).

La bonne foi de l'adjudicataire ne peut jamais être une excuse (jurisprudence

ART. 27. — Il est interdit à l'adjudicataire, à moins que le procès-verbal d'adjudication n'en contienne l'autorisation expresse, de peler ou d'écorcer sur pied aucun des bois de sa vente, sous les peines portées par l'article 36 du même Code (1).

ART. 28. — L'adjudicataire respectera tous les arbres mis en réserve, quels que soient leur qualification et leur nombre (2).

---

constante de la cour de cassation analysée Comment. du C. forest., art. 203).

Dans le cas où l'administration aurait fait prononcer contre un adjudicataire une amende pour n'avoir pas suffisamment nettoyé sa coupe, elle a, en outre, le droit, aux termes de l'art. 41 du Code forestier, de faire exécuter aux frais de cet adjudicataire les travaux auxquels il était tenu par son cahier de charges.

L'art. 37 du Code forestier est applicable, indépendamment de l'art. 41, au cas de simple retard dans le nettoiement des coupes et le façonnage des ramiers. — Ainsi, le retard doit d'abord être puni de l'amende prononcée par l'art. 37, et si cette condamnation reste sans effet, c'est alors que l'administration emploie le moyen coercitif que lui accorde l'art. 41 (jurisprudence constante, analysée Comment. du C. forest., t. 1er, p. 305 et suivantes. — Voy. notamment arrêts de cassation des 12 fév. 1830, 15 juin 1833, 20 nov. 1834, etc).

Dans la rigueur du droit, l'adjudicataire doit payer autant d'amendes de 50 à 500 fr. qu'il y a de procès-verbaux dressés (arrêt de cassation du 28 juin 1845). — Cependant, on ne requiert généralement qu'une seule amende par chaque coupe et par chaque genre d'infraction, quel que soit le nombre des contraventions (Comment., t. 1er, no 196).

Lorsqu'un adjudicataire est poursuivi pour une infraction aux clauses du cahier des charges sanctionnées par l'art. 37 du Code forestier, la condamnation aux dommages-intérêts est facultative et non obligatoire pour les tribunaux (Comment., t. 1er, no 197).

(1) 50 à 500 fr. d'amende. — On ne peut se fonder sur aucun usage local pour pratiquer un écorcement non autorisé.

(2) L'adjudicataire doit respecter tous les arbres de réserve, de quelque grosseur qu'ils soient, alors même qu'on n'aurait pas employé le marteau royal pour les marquer en réserve, mais un simple grifage, ou même tout autre mode de désignation (arrêt de cassation du 10 mars 1836, et de Nancy du 24 déc. 1842, Comment. du C. forest., nos 167 et 168).

Lorsque les arbres ont été marqués en délivrance, la représentation de la marque sur la souche de l'arbre exploité est le mode *unique* et *spécial* que l'adjudicataire puisse employer pour justifier que l'arbre avait été abandonné à l'exploitation. — En conséquence, on doit repousser toute offre faite par l'adjudicataire, et qui tendrait à substituer un autre mode de preuve à celui qui vient d'être indiqué (arrêt de cassation du 12 juin 1840, Comment., t. 1er, p. 263 et suivantes).

L'obligation de respecter tous les arbres de réserve est tellement rigoureuse que l'adjudicataire ne pourrait invoquer, contre la poursuite dont il serait l'objet, aucun moyen de justification, ni d'excuse tiré : soit des difficultés de l'exploitation, soit des circonstances qui établiraient sa bonne foi.

Ainsi, la cour suprême a refusé d'admettre comme excuse l'impossibilité dans laquelle se serait trouvé un adjudicataire d'exploiter les arbres à lui délivrés, sans abattre des réserves. — Il devrait alors s'adresser à l'administration qui statuerait (arrêt de cassation, 10 sept. 1852, Comment., t. 1er, no 171).

Dans aucun cas, ni sous quelque prétexte que ce soit, il ne pourra être délivré à l'adjudicataire aucun des arbres de réserve, quand même il s'en trouverait un nombre excédant celui porté aux procès-verbaux de martelage et d'adjudication. Cet excédant ne pourra donner lieu à aucune indemnité en faveur de l'adjudicataire.

Il représentera les baliveaux de tout âge et autres arbres réservés, même ceux qui seraient cassés ou renversés par les vents, ou par des accidents de force majeure indépendants du fait de l'exploitation.

Si des arbres étaient ainsi abattus pendant l'exploitation, l'adjudicataire sera tenu d'en avertir sur-le-champ l'agent forestier chef de service, pour qu'il en soit marqué d'autres en réserve, s'il y a lieu, et il en sera dressé procès-verbal (1).

Les arbres abattus ne pourront être donnés à l'adjudicataire en compensation de ceux marqués en remplacement; il sera fait estimation contradictoire des arbres nouvellement marqués en réserve, pour rendre indemne l'acquéreur (C. forest., art. 33).

---

— En cas de refus de la part de l'administration, l'adjudicataire pourrait intenter devant les tribunaux une demande en dommages-intérêts.

L'adjudicataire ne serait pas excusé par le motif qu'il aurait laissé sur place les arbres abattus (arrêt ci-dessus du 19 sept. 1832). — Il ne le serait pas même dans le cas où, l'abatage ayant eu lieu par erreur, les agents de l'État auraient fait vendre, au profit du trésor ou de la commune propriétaire, les arbres ainsi abattus (arrêt de cassation du 32 juin 1827; Comment., t. 1er, p. 269).

La bonne foi ne peut jamais être un moyen d'excuse (arrêt de cassation du 1er mai 1829, Comment., t. 1er, p. 269).

L'adjudicataire ne peut, pour se disculper d'un déficit de réserves, se prévaloir de la différence qui existerait entre le nombre de réserves indiqué par le procès-verbal de *martelage* et celui énoncé dans le procès-verbal *d'adjudication*; c'est ce dernier seul qui fait foi (arrêt de cassation du 28 fév. 1846. — Voy. aussi, Comment., t. 1er, p. 256, note 3, un autre arrêt de cassation du 12 mai 1832).

Lorsqu'un adjudicataire est poursuivi pour déficit de réserves, il doit nécessairement être condamné à des dommages-intérêts égaux à l'amende simple; les tribunaux ne sont pas libres d'examiner s'il y a eu, ou non, préjudice causé (arrêts de cassation des 23 juillet 1842, 23 nov. 1844 et 23 août 1845; voy. Comment., t. 1er, n° 181).

L'amende déterminée par l'art. 34 du Code forestier est une amende simple (arrêt de cassation du 17 mai 1834, Comment. du Code forestier, n° 182).

(1) Les agents locaux ont la latitude de remplacer ou de ne pas remplacer les arbres abattus. — Lorsqu'il n'y a pas lieu au remplacement, le procès-verbal de reconnaissance en déduit les motifs, et évalue le dommage résultant pour le repeuplement du sol, de l'absence des réserves abattues, ainsi que le dommage qu'éprouverait le trésor si le bris des réserves diminuait leur valeur vénale. — Si, au contraire, il y a remplacement, le procès-verbal de reconnaissance établit : 1° la valeur effective sur pied des arbres pris en remplacement; 2° la somme des dommages évalués d'après les bases fixées plus haut; 3° enfin la différence en plus ou en moins entre ces deux évaluations (Circ. du 6 août 1827, n° 397, R. F., t. 5, p. 537).

**Art. 29.** — Si des réserves encrouées, abattues ou endommagées par le fait de l'exploitation, doivent être remplacées, leur remplacement s'effectuera comme il est dit à l'article ci-dessus; mais, dans ce cas, on distrairait de l'indemnité à laquelle l'adjudicataire aurait droit, pour les arbres marqués en remplacement, le montant du dommage causé par son fait. Ce dommage sera réglé contradictoirement, et le minimum en sera fixé à l'avance, pour chaque nature de réserve, par les clauses spéciales (1).

Si un arbre encroué peut être dégagé sans abattre la réserve, l'agent forestier chef de service réglera le montant du dommage que la réserve aura éprouvé.

Il sera dressé procès-verbal de ces reconnaissances et évaluations, lequel sera signé par l'adjudicataire ou son facteur, et adressé au conservateur, qui, après l'avoir vérifié et approuvé, le transmettra au directeur des domaines, s'il s'agit de bois domaniaux; s'il s'agit de bois de communes, d'établissements publics ou indivis, au préfet, pour être adressé par ce magistrat au receveur des finances de l'arrondissement. A l'égard de ces derniers bois, le conservateur fera, en outre, parvenir un extrait dudit acte au directeur des domaines, afin que le recouvrement du 20° en sus, dû à l'Etat, soit assuré. Mais, dans le cas où il résulterait du procès-verbal que l'adjudicataire a droit à un remboursement, le conservateur l'adressera à l'administration des forêts, s'il s'agit de bois domaniaux, ou au préfet, s'il s'agit de bois de com-

---

L'adjudicataire est responsable du déficit des arbres réservés qu'il prétend avoir été cassés pendant l'exploitation, s'il ne s'est pas conformé à la clause du cahier des charges qui lui prescrivait d'avertir sur-le-champ les agents forestiers de cet accident. — La mention qui en est faite dans une simple note qui n'est ni datée ni signée, ni même inscrite sur le livre journal du garde du triage, ne peut avoir pour effet de le décharger de cette responsabilité (Code forest., art. 33 et 34. — Voy. A. Dalloz, v° forêts, n° 146).

(1) En cas de contestation sur le dommage causé à des arbres réservés dans une coupe ou à des arbres voisins de la coupe par la chute de ceux que fait abattre un adjudicataire, les tribunaux civils sont seuls compétents, car le fait qui donnerait lieu au procès ne constitue pas un délit (cass., 12 avril 1822, R. F., t. 3, p. 29). — La question offre au surplus fort peu d'intérêt, car elle ne pourrait s'agiter que dans le cas où l'administration réclamerait une indemnité supérieure au minimum fixé par les clauses spéciales; ce qui n'arrive presque jamais. — L'auteur du Recueil méthodique fait observer à ce sujet que la substitution de l'action correctionnelle à l'action civile présente, en outre, l'inconvénient de ne point se prêter au remplacement de réserves brisées, opération souvent très-utile au succès des repeuplements (Rec. méth., p. 121). — Les procès-verbaux constatant les bris de réserves sont soumis aux formalités du timbre et de l'enregistrement (circ. du 15 janv. 1846, n° 581).

munes ou d'établissements publics, pour en faire ordonnancer le payement.

Art. 30. — Les réserves renversées, endommagées ou abattues, dans les cas prévus par les deux articles précédents, seront marquées comme chablis et vendues au profit du propriétaire de la forêt, dans la forme ordinaire.

Art. 31. — S'il est reconnu que les adjudicataires ne peuvent trouver une quantité suffisante de harts dans les coupes qui leur ont été vendues, il pourra leur en être accordé, sur l'autorisation de l'agent forestier chef de service.

Pour les bois domaniaux ou indivis entre l'Etat et les communes ou les établissements publics, le prix de ces harts sera fixé dans le procès-verbal de comptage qui en sera dressé.

Pour les bois communaux et d'établissements publics, leur prix sera fixé par le préfet.

Les adjudicataires des coupes communales, d'établissements publics et indivises, verseront en outre, conformément à la loi du 25 juin 1841, le 20ᵉ en sus de ce prix dans les caisses du trésor.

Art. 32. — Il est défendu aux adjudicataires de faire ou laisser paître les animaux de trait ou de bât dans les forêts, même de les conduire dans les ventes sans être muselés (1).

Art. 33. — L'abatage des bois sera entièrement terminé le 15 avril de l'année qui suit l'adjudication.

Les bois à écorcer, en vertu de l'acte d'adjudication, seront coupés avant le 15 mai de la *seconde année* après l'adjudication.

La vidange sera terminée avant le 15 avril *(même année)*.

Si des circonstances locales nécessitent d'autres termes que ceux fixés, tant par le présent article que par l'article 24, il en sera fait une clause spéciale de l'adjudication.

La vidange s'opérera par les chemins désignés dans le procès-verbal d'adjudication ou dans l'affiche en cahier.

Néanmoins le conservateur pourra assigner dans le cours de l'exploitation d'autres chemins de vidange à l'adjudicataire, sur sa demande, et celui-ci sera tenu, par le seul fait de cette demande, de payer l'indemnité qui serait mise à sa charge, à moins qu'il ne renonce au bénéfice de la décision.

Art. 34. — Tout adjudicataire qui, pour cause majeure et impré-

---

(1) L'infraction à cette clause est punie conformément à l'art. 199 du Code forestier (voy. Comment., nᵒ 1592).

vue, ne pourra achever la coupe ou la vidange aux termes prescrits, et aura besoin d'un délai, sera tenu d'en faire la demande sur papier timbré, quarante jours au moins avant l'expiration desdits termes.

Cette demande fera connaître l'étendue des bois restant à exploiter, ou les quantités et qualités des bois existants sur le parterre de la coupe, les causes du retard dans l'exploitation ou la vidange, et le délai qu'il est nécessaire d'accorder (1). Il sera statué sur son objet par le conservateur, si les délais ne doivent pas excéder quinze jours pour la coupe, et deux mois pour la vidange, et, pour tous autres délais, par l'administration sur l'avis du conservateur.

L'adjudicataire, par le seul fait d'une demande en prorogation de délai d'exploitation ou de vidange, s'oblige à payer l'indemnité résultant du dommage causé par le retard de la coupe ou de la vidange (Ord. art. 96) (2).

---

(1) La demande doit contenir l'engagement, signé de l'adjudicataire, de payer, s'il y a lieu, l'indemnité résultant du dommage causé par le retard de la coupe ou de la vidange.

L'administration prend en considération, dans l'instruction des demandes de cette espèce, l'exactitude habituelle des pétitionnaires à remplir leurs engagements (Circ. du 8 déc. 1825, n° 132).

(2) L'agent forestier doit, au moment où l'adjudicataire demande un délai, vérifier l'avancement des travaux de l'exploitation, et apprécier, d'après les moyens employés par l'exploitant, les travaux qu'il pourra terminer avant l'expiration du terme fixé par le cahier des charges. — L'indemnité se règle ensuite sur ce qui restera à exploiter après ce terme, et d'après le dommage que la reproduction en éprouvera. — Le montant de l'adjudication doit être pris en considération, puisqu'il fait connaître le montant de la valeur du bois, et, par une suite nécessaire, le plus ou le moins de valeur du dommage. — C'est cette valeur qu'on désigne sous le nom de *prix de feuille*; mais il n'en résulte pas qu'on doive, pour un délai de quelques jours, exiger une indemnité qui soit toujours égale au prix *d'une feuille*. — C'est le dommage qu'il faut principalement avoir en vue (lettre du directeur général du 25 sept. 1829).

Le procès-verbal de l'agent doit contenir, en marge, les indications nécessaires pour vérifier si les indemnités qu'on propose de faire supporter à l'adjudicataire sont exactement appréciées. — Ces indications concernent :

1° La contenance de la coupe;

2° L'âge des bois;

3° La date de l'adjudication;

4° Le prix principal de l'hectare;

5° Le terme de l'exploitation et de la vidange (Circ. du 5 juillet 1821).

Lorsque la demande de prorogation est suffisamment justifiée, l'administration ne la refuse jamais. — Mais le fait seul de la demande en prorogation ne crée aucun droit au profit de l'adjudicataire qui ne peut se garantir des poursuites auxquelles il est exposé en vertu de l'art. 40 du Code forestier (amende de 50 à 500 fr.), qu'en produisant une autorisation formelle de l'administration. — Les tribunaux ne peuvent se dispenser de condamner l'adjudicataire, alors

S'il s'agit de coupes communales , d'établissements publics ou indivises, les adjudicataires verseront , en outre , dans les caisses du trésor, le 20ᵉ en sus de l'indemnité précitée.

Les délais de coupe ou de vidange courront du jour de l'expiration des termes fixés par l'article précédent.

Dans le cas où les adjudicataires n'auraient pas profité des délais qui leur auront été accordés, ils ne pourront obtenir la remise de l'indemnité fixée par la décision que sur un procès-verbal de l'agent forestier local , dressé , au plus tard, le jour de l'expiration du terme de l'exploitation ou de la vidange , enregistré à leurs frais, et constatant qu'effectivement ils n'ont pas profité du bénéfice de la décision.

Art. 35. — Les laies séparatives des coupes seront entretenues et les étocs recepés par les adjudicataires , qui , à mesure de l'exploitation, feront enlever les bois qui tomberont sur ces laies, afin qu'elles soient toujours libres (1).

Art. 36. — Sont obligés les adjudicataires :

1° A tenir les chemins libres dans les coupes, de manière que les voitures puissent y passer librement en tout temps ;

2° A faire fouir , niveler et replanter ou semer les places des ateliers ;

3° A rétablir et réparer dans les forêts les chemins , ponts , ponceaux, bornes, barrières, poteaux, murs de clôture, fossés, sangsues, rigoles et glacis endommagés ou détruits, et à réparer, en général, tous les dommages résultant de l'exploitation et de la vidange de leurs bois (2).

---

même que sa demande de prorogation serait restée sans réponse (arrêt de cassation du 18 juin 1843, Comment., t. 1ᵉʳ, n° 208).

L'adjudicataire ne pourrait même pas être renvoyé des poursuites, alors qu'il justifierait d'une autorisation , soit verbale , soit écrite, émanée d'un agent forestier. — Par conséquent, il ne peut être admis à prouver par témoins qu'un semblable sursis lui aurait été accordé (arrêt de cassation du 24 mai 1811, et de Nancy, du 6 nov. 1839, Comment., t. 1ᵉʳ, n° 209).

Les dispositions de l'art. 40 du Code forestier qui servent de sanction à l'art. 34 du cahier des charges sont générales et absolues ; elles s'appliquent à toutes les adjudications de coupes (arrêt de cassation du 22 juillet 1837, Comment., t. 1ᵉʳ, n° 210).

Les dommages-intérêts à prononcer dans le cas de l'art. 40 du Code forestier ne sont pas facultatifs (Comment., n° 211).

(1) Les infractions à cette clause sont punies d'une amende de 50 à 500 francs (C. forest., art. 37).

(2) La présence dans les forêts de gardes terrassiers, chargés de l'entretien des routes et des chemins , ne dispense pas les adjudicataires des obligations

Art. 37. — Les adjudicataires des coupes dans lesquelles il aura été marqué des arbres pour la marine se conformeront aux dispositions du Code forestier et de l'ordonnance du 1er août 1827, concernant le service de la marine.

Art. 38. — Il sera procédé au réarpentage des coupes avant le récolement, en présence de l'arpenteur qui aura fait le premier mesurage, ou lui dûment appelé.

L'adjudicataire ou son fondé de pouvoirs signera les procès-verbaux de réarpentage et de récolement, et, s'ils ne peuvent ou ne veulent signer, ou s'ils sont absents, il en sera fait mention.

Art. 39. — Les adjudicataires devront, avant le jour fixé pour le récolement, faire ceindre d'un lien apparent tous les arbres sur pied (1).

Ils seront tenus, sous les peines portées par la loi, de représenter, lors du récolement, tous les bois et arbres réservés, et, de plus, l'empreinte du marteau royal sur les étocs des arbres exploités dans les coupes mentionnées au 4e paragraphe de l'article 1er (2).

S'il résulte des procès-verbaux de réarpentage des coupes un excédant de mesure, les adjudicataires s'obligent à en payer le montant en proportion du prix entier de l'hectare, ensemble le décime pour franc de ce prix, et 4 et demi p. 0/0, s'il s'agit des coupes de bois de l'Etat, et le décime seulement, s'il s'agit des coupes de bois des communes et des établissements publics.

S'il y a un moins de mesure, ils en seront remboursés dans la même proportion, après leur décharge définitive.

Il n'y aura lieu à aucune répétition, lorsque le plus ou le moins de mesure n'excèdera pas le centième de la contenance de la coupe.

Dans aucun cas, il ne sera fait de compensation de moins de mesure avec les excédants.

Soit qu'il y ait surmesure ou moins de mesure, il ne sera fait aucune répétition à raison des droits d'enregistrement.

---

qui leur sont imposées par le cahier des charges et l'art. 41 du Code forestier (circ. du 14 fév. 1840, n° 470 *bis*, accessoire à celle du 12 fév. 1840).

Les infractions à l'art. 36 du cahier des charges ne donnent lieu à l'application d'aucune amende ; mais, en cas d'inexécution de la part des adjudicataires, l'administration a le droit de faire faire, pour leur compte, les travaux mis à leur charge par cet article, et à s'en rembourser conformément au mode prescrit par l'art. 41 du Code forestier.

(1) En cas d'inexécution de cette clause, les agents pourraient faire procéder, aux frais des adjudicataires, à l'entourage des arbres par un lien apparent.

(2) Voy. ci-dessus la note de l'article 28 du cahier des charges.

S'il y a une surmesure à réclamer de l'adjudicataire, *pour les bois domaniaux*, les frais d'expédition du procès-verbal d'adjudication seront à la charge de l'administration des forêts ; *pour les bois communaux, d'établissements publics et indivis*, les adjudicataires s'obligent à payer ladite expédition.

Néanmoins, cette pièce ne sera exigible que dans le cas où, à défaut de paiement de leur part, il serait nécessaire de diriger des poursuites contre eux.

Les adjudicataires adresseront à l'agent forestier chef de service, et sur papier timbré, leurs demandes en remboursement pour moins de mesure, avec leurs traites acquittées et la décharge d'exploitation.

ART. 41. — Les adjudicataires se conformeront, au surplus, aux dispositions du Code forestier et de l'ordonnance du 1er août 1827 qui les concernent.

# DEUXIÈME PARTIE.

## DES DROITS ET DES DEVOIRS DU GARDE-VENTE.

Le garde-vente régulièrement institué par l'adjudicataire, accepté par l'agent forestier local, et assermenté devant le juge de paix du canton doit être considéré comme un officier de police judiciaire relativement aux procès-verbaux qu'il dresse; et comme tel, il est tenu de se conformer, dans la rédaction et la remise de ces actes :

1° Aux art. 15, 16 et 18 du Code d'instruction criminelle modifiés par les art. 32 et 45 du Code forestier;

2° Aux art. 161, 162, 163, 165, 167 et 170 du Code forestier, ainsi qu'aux art. 181 et 184 de l'ordonnance réglementaire.

Nous allons analyser sommairement les dispositions de ces articles dont l'application peut être faite aux procès-verbaux des gardes-vente, et nous indiquerons les solutions les plus remarquables fournies par la jurisprudence.

Les procès-verbaux qu'un garde-vente peut-être appelé à rédiger sont de plusieurs sortes.—Nous allons d'abord exposer les règles communes à tous les procès-verbaux, en général; nous indiquerons ensuite les formalités spéciales à certains procès-verbaux, en appliquant ces formalités à la rédaction des procès-verbaux relatifs aux différents délits que les gardes-vente peuvent être appelés à constater.

## SECTION I.

*Formalités communes à tous les procès-verbaux en général.*

Tout procès-verbal doit mentionner :

1° Les circonstances, le temps et le lieu des délits et contraventions ;

2° Les noms, prénoms, professions et demeures des prévenus ;

3° Si l'auteur du délit est une femme mariée, un enfant mineur ou un domestique, les noms, prénoms, professions et demeures des mari, père, mère ou maître.

Dans tout procès-verbal on doit, en outre, observer certaines formalités qui sont relatives :

1° A l'écriture de l'acte ;

2° A sa signature ;

3° A son affirmation ;

4° A sa date ;

5° A son enregistrement.

## § Ier.

### ÉCRITURE DU PROCÈS-VERBAL.

Le garde-vente doit écrire *lui-même* son procès-verbal (Code forest., art. 165).

Toutefois, cette obligation n'est pas absolue, et s'il y a pour lui impossibilité d'écrire, quel qu'en soit le motif (qu'il est inutile d'exprimer) le garde-vente peut faire écrire son procès-verbal ; soit par un simple particulier ; soit par l'un des fonctionnaires chargés de recevoir l'affirmation, ainsi qu'il sera dit ci-après. — Lorsque le procès-verbal, ainsi écrit par une main étrangère, *et seulement signé par le garde-vente*, est présenté à l'affirmation, l'officier public chargé de recevoir cette affirmation, doit commencer par donner lecture au garde du procès-verbal dont il s'agit, et il ne peut être procédé à l'affirmation qu'autant que cette lecture a été ainsi *préalablement* donnée. — Il faut, de plus, que l'officier public constate qu'il a donné lecture du procès-verbal, *préalablement à l'affirmation*, au garde qui s'est présenté devant lui pour procéder à cette formalité. — L'inexécution de ces formes entraîne la nullité du procès-verbal.

Si le procès-verbal contient des ratures, on doit compter les mots raturés et indiquer en marge, par une mention signée ou paraphée, que l'acte contient tant de mots raturés. — On doit pareillement approuver les mots surchargés, ou interlignés. — Tout mot surchargé ou interligné, qui n'aurait pas été rétabli à la marge par une mention approbative, serait censé non écrit.

## § II.

### SIGNATURE DU PROCÈS-VERBAL.

La signature est une formalité essentielle qui ne peut être remplacée par aucune autre. — S'il n'est pas absolument indispensable qu'un garde sache écrire, il faut, au moins, qu'il sache signer son nom.

Si le procès-verbal et l'acte d'affirmation dont il sera parlé ci-après sont rédigés à la suite l'un de l'autre, sans intervalle, d'un seul et même contexte, de telle sorte que par la rédaction employée par le garde-vente il n'y ait pas deux actes distincts, la signature mise après l'affirmation suffit pour valider le procès-verbal. — Mais si, comme cela arrive le plus souvent, le procès-verbal et l'acte d'affirmation forment deux actes séparés, il est indispensable que l'un et l'autre soient revêtus de la signature du garde.

En général, un procès-verbal doit être signé du nom attribué à son rédacteur par les registres de l'état civil. Cependant si un garde-vente avait signé son procès-verbal d'un surnom ajouté à son nom dans sa commission, et qui serait sa signature habituelle, le procès-verbal ne serait pas nul.

## § III.

### AFFIRMATION DU PROCÈS-VERBAL.

L'affirmation est un acte par lequel le rédacteur d'un procès-verbal déclare, *sous la foi du serment*, devant un officier public, spécialement désigné par la loi pour recevoir cette déclaration, que toutes les énonciations contenues dans son procès-verbal sont sincères et véritables.

Les procès-verbaux dressés par un garde-vente peuvent être affirmés devant l'un des fonctionnaires suivants :

Maire ; adjoint ; conseiller municipal : soit de la *commune* de la résidence du garde, soit de celle où le délit a été commis ou constaté.

Juge de paix ; suppléant de juge de paix ; soit du *canton* de la résidence du garde, soit de celui où le délit a été commis ou constaté.

On peut s'adresser à volonté : soit au maire ; soit à l'adjoint ; soit au juge de paix ; soit à son suppléant, sans avoir besoin de constater l'absence ou l'empêchement du titulaire.—Mais, si l'on s'était adressé à un conseiller municipal, il faudrait constater que ce fonctionnaire a été requis de recevoir l'affirmation, parce que le maire, les adjoints et les conseillers municipaux qui le précédaient dans l'ordre du tableau étaient absents ou empêchés.

Pour qu'un acte d'affirmation soit valable il faut :

1° qu'il soit daté, parce qu'il doit comporter avec lui la preuve qu'il a été dressé dans le délai légal.

2° Qu'il fasse mention du nom et de la qualité du fonctionnaire public qui l'a reçu, car ce n'est pas en dehors de cet acte qu'on doit chercher la preuve de la compétence de celui-ci ;

3° Qu'il contienne la signature du fonctionnaire qui l'a reçu, puisque cet acte est son ouvrage ;

4° Qu'il soit signé par le fonctionnaire affirmant.

Chacune de ces formalités est essentielle ; l'omission de l'une d'elles entraîne la nullité du procès-verbal.

L'affirmation doit être faite, au plus tard, le lendemain de la clôture du procès-verbal. — Ainsi, un procès-verbal clos le 1er mars, à 7 heures du matin, peut être valablement affirmé le 2 mars à 7 ou 8 heures du soir.

Si le lendemain de la clôture de l'acte est un jour férié, l'affirmation n'en doit pas moins être faite ce jour-là. — Il n'y a jamais lieu à augmenter le délai de l'affirmation.

Dans le cas où l'un des fonctionnaires ci-dessus désignés refuserait de recevoir l'affirmation du procès-verbal qui lui serait présenté par un garde-vente, ce garde devrait rédiger immédiatement procès-verbal de ce refus, et l'adresser sur-le-champ à l'agent forestier chargé par l'art. 182 de l'ordonnance réglementaire d'en rendre compte au procureur du roi.

L'officier public ne pourrait refuser de recevoir l'affirmation quand il serait lui-même le délinquant. —Toutefois, les convenances exigent que le garde-vente s'adresse à un autre fonctionnaire.

Il n'est pas indispensable que les officiers publics qui reçoivent l'affirmation des gardes-vente signent les renvois que présentent les procès-verbaux rédigés par ceux-ci.—Quant aux renvois de l'acte d'affirmation, ils peuvent être, comme ceux du procès-verbal, approuvés par de simples paraphes.

L'affirmation doit précéder et non suivre l'enregistrement dont il sera parlé ci-après.

§ IV.

### DATE DU PROCÈS-VERBAL.

Le procès-verbal est ordinairement daté au commencement et à la fin. — Toutefois, il n'est pas absolument indispensable que la date du commencement s'y trouve; c'est la date de la clôture qui est seule nécessaire pour la validité de l'acte.

Le garde-vente devant remettre son procès-verbal à l'agent forestier dans les cinq jours *du délit*, et non *de la clôture du procès-verbal*, la rédaction de cet acte ne devra jamais être retardée au delà de ce délai de cinq jours.

Quoique la date précise de la reconnaissance du délit ne soit pas une condition essentielle de la validité des procès-verbaux en général; elle doit être considérée comme obligatoire pour les procès-verbaux du garde-vente.—En effet, si ce garde n'a pas, comme la loi le lui prescrit, signalé les circonstances du temps et du lieu du délit, son procès-verbal ne déchargerait pas l'adjudicataire dans le cas où le délinquant poursuivi invoquerait un *alibi*, puisque l'acte du garde-vente serait impuissant à détruire l'allégation du prévenu.

Il y a même des cas dans lesquels l'heure doit être exactement indiquée, parce que la nuit est toujours une circonstance aggravante qui, en matière forestière, entraîne le doublement de la peine.

## § V.

### ENREGISTREMENT DU PROCÈS-VERBAL.

La loi accorde quatre jours aux gardes forestiers pour faire enregistrer leurs procès-verbaux, à compter de la clôture de ces actes ; et si le dernier jour est un jour férié, la loi spéciale de l'enregistrement porte que l'acte pourra encore être enregistré le lendemain.

Les gardes-vente ont le même délai pour l'enregistrement de leurs procès-verbaux ; mais comme ces actes doivent être remis à l'agent forestier dans les cinq jours du délit, il suit que si le délit n'a été reconnu ou constaté par le garde-vente que le cinquième jour, le procès-verbal doit être rédigé, affirmé, enregistré et remis le jour même.

Les gardes-vente peuvent choisir pour l'enregistrement de leurs procès-verbaux le bureau qui leur convient le mieux, et particulièrement celui qui se trouve être le plus voisin de leur résidence.

Un procès-verbal non enregistré dans le délai fixé par la loi est nul.

Aux termes de l'art. 170 du Code forestier, auquel il est renvoyé par l'art. 31 du même Code, l'enregistrement du procès-verbal doit se faire *en débet*, c'est-à-dire que, ni l'adjudicataire, ni le garde-vente ne peut être tenu d'avancer les frais d'enregistrement auxquels cet acte peut donner lieu.

Cependant, dans plusieurs localités, les receveurs de l'enregistrement exigent le payement des droits ; cette prétention a été discutée et combattue dans une consultation insérée dans les Annales forestières de février 1846, que nous croyons devoir reproduire ici.

« Si la prétention de l'enregistrement était fondée, elle aurait pour résultat de laisser à la charge des adjudicataires une dépense sans doute minime, mais réelle. — Il est possible, en effet, qu'en constatant un délit, le garde-vente ne puisse, malgré tous ses efforts, en signaler l'auteur, qui demeurera inconnu. En supposant même que le délit constaté entraîne une condamnation, la liquidation des dépens comprendra tous les frais de l'instance, et, par conséquent, du procès-verbal rédigé par le garde, comme ceux du jugement rendu ; en cas pareil, c'est le trésor qui recouvre le montant de la condamnation, et il recouvre les frais de timbre et d'enregistrement déjà payés par le garde-vente, en sorte qu'il bénéficie d'une double perception, l'une prélevée sur l'adjudicataire, l'autre sur le condamné !

» A notre sens, la prétention de la régie n'est pas admissible, et le texte de la loi, aussi bien que son esprit, exige que les procès-verbaux des gardes-vente soient enregistrés en débet comme ceux des gardes forestiers.

» Cette solution se déduit de la simple combinaison des art. 31 et 170 C. for. — L'art. 31 oblige chaque adjudicataire à avoir un garde-vente, lequel est autorisé à dresser des *procès-verbaux* tant dans la vente qu'à l'ouïe de la cognée, et il ajoute que les *procès-verbaux* seront soumis aux mêmes formalités que ceux des agents forestiers, et feront foi jusqu'à preuve contraire.

» Or, au nombre des formalités imposées par l'art. 170 aux procès-verbaux des gardes forestiers, se trouve l'enregistrement dans les quatre jours, et il doit se faire en débet.

» Le législateur, dira-t-on, n'entend point assimiler complétement le garde-vente au garde forestier ; le premier reste l'homme de l'adjudicataire, son proposé, son mandataire ; il est nommé par celui-ci ; s'il dresse des procès-verbaux, c'est dans l'intérêt de la responsabilité, dont la loi le frappe, en présumant, jusqu'à preuve contraire, que les délits commis dans les ventes et à l'ouïe de la cognée, ont pour auteurs l'adjudicataire ou ses agents (C. for. art. 45). Il n'est point, à proprement parler, un agent de l'administration ; aussi, sa prestation de serment n'est-elle soumise qu'au droit fixe d'un franc (Circ. du direct. de l'enregis. 12 sep. 1810) tandis que l'acte de prestation de serment des gardes est imposé à un droit plus élevé (Loi de frim., an VII, art. 68, § 3, n° 3, et art. 14, loi de vent. an IX). — On réfutera l'argument tiré de l'art. 31, en disant que la loi soumet bien les procès-verbaux dont elle parle *aux mêmes formalités* que ceux des gardes forestiers, sans vouloir leur accorder les mêmes priviléges et en particulier celui de l'enregistrement gratuit, lequel est, en principe, une faveur exclusivement réservée aux actes dont les droits tomberaient à la charge de l'Etat.

» Cette argumentation nous paraît plus spécieuse que solide. Le garde-vente a un double caractère ; sans doute, il est, avant tout, l'homme de l'adjudicataire qui doit le désigner à l'agent forestier local ; mais il faut qu'il soit *agréé* par cet agent, qui a le droit de le refuser ; il est donc placé sous le contrôle de l'administration forestière ; en outre, il est soumis à un serment devant le juge de paix de la localité, et il devient ainsi officier de police judiciaire ; ses procès-verbaux font foi jusqu'à preuve contraire; et, dans notre opinion, les délits qu'il commettrait dans le triage confié à sa garde nécessiteraient une répression spéciale et une juridiction exceptionnelle.

» Le garde-vente est donc à la fois le préposé de l'adjudicataire et celui de l'Etat; il surveille dans un double intérêt, et quand il découvre et constate régulièrement un délit, non-seulement il décharge son commettant de toute responsabilité, mais il agit encore et plus particulièrement dans un intérêt général, dans celui de la vindicte publique et de l'Etat lui-même; aussi, n'est-il pas douteux que l'adjudicataire demeurera étranger à la poursuite de ce délit, et que le prévenu sera cité à la requête, soit du ministère public, soit de l'administration forestière (C. for., art. 171; C. pén., art. 388).—C'est à la requête du ministère public que seront exécutées également les condamnations contre la personne; et c'est l'Etat qui profitera seul des amendes et restitutions pécuniaires ordonnées par la justice.

» C'est parce que la loi a vu dans les facteurs ou gardes-vente, après leur présentation par l'adjudicataire, leur agrément par l'agent forestier et leur prestation de serment, des individus investis d'un caractère public, des auxiliaires de l'autorité, qu'elle a imprimé à leurs procès-verbaux un certain degré de certitude en justice, et qu'elle les a soumis aux mêmes *formalités* que les procès-verbaux des gardes. —L'art. 31 est général et n'admet aucune distinction. Les gardes-vente devront dresser leurs procès-verbaux dans les mêmes formes, les affirmer et les faire enregistrer dans le même délai; pourquoi, en présence d'une assimilation aussi complète, soumettre cet enregistrement à un droit dont les exonère l'art. 170 Code forestier? Cette perception, tout arbitraire, n'est fondée sur aucun texte. »

Nous irons même plus loin, et nous croyons que les adjudicataires pourraient, en s'appuyant sur les considérations qui viennent d'être exposées, obtenir que les feuilles destinées à recevoir les procès-verbaux des gardes-vente fussent visées pour timbre *en débet*, conformément à l'art. 74 de la loi du 25 mars 1817. — Pourquoi en effet voudrait-on faire supporter à l'adjudicataire une dépense qui, en définitive, ne doit peser que sur le prévenu seul? — Les termes suivants de cet article ne repoussent pas le moins du monde cette interprétation : « Les actes et procès-verbaux des gardes champêtres et forestiers (autres que ceux des particuliers) et généralement tous actes ou procès-verbaux concernant la police ordinaire, et qui ont pour objet la poursuite et la répression des délits et contraventions aux règlements généraux de police et d'impositions, seront visés pour timbre et enregistrés en débet, *lorsqu'il n'y aura pas de partie civile poursuivante*, sauf à suivre le recouvrement des droits contre les condamnés. »

3

On ne pourrait argumenter, contre notre système, des termes de l'art. 74, qui excluent du visa pour timbre et de l'enregistrement en débet les procès-verbaux dressés par les gardes champêtres et forestiers des particuliers. On a vu précédemment que les gardes-vente n'ont pas ce caractère. Si leurs procès-verbaux sont rédigés à la requête de l'adjudicataire, c'est uniquement dans l'intérêt de sa responsabilité ; mais jamais aucune condamnation ne peut être prononcée en sa faveur contre les délinquants. Les réparations civiles sont toujours prononcées en faveur de l'Etat, de la commune ou de l'établissement public propriétaire ; il n'y a donc pas de partie civile poursuivante ; la poursuite appartient exclusivement à l'administration forestière, et l'on rentre dans les termes de la loi de 1817, qui prescrit de poursuivre *contre les condamnés* les droits de timbre et d'enregistrement en débet.

## SECTION II.

### *Formalités particulières à certains procès-verbaux.*

#### SAISIE ET MISE EN SÉQUESTRE.

La saisie des moyens de transport employés par les délinquants est facultative, c'est-à-dire que les gardes peuvent se dispenser d'y procéder, lorsqu'ils connaissent la solvabilité des délinquants.

Il n'en est pas de même à l'égard des instruments dont il a pu être fait usage pour commettre le délit. Leur saisie est impérieusement commandée par les art. 146 et 198 du Code forestier. — Toutefois, lorsque le garde peut craindre que la saisie réelle de l'instrument dont le délinquant est muni n'amène une collision fâcheuse, il peut, tout en déclarant la saisie, laisser l'instrument entre les mains du délinquant, à charge par lui de le représenter à toute réquisition ; c'est ce qu'on appelle la saisie fictive ou intellectuelle.

La mise en séquestre n'est ordinairement pratiquée qu'à l'égard des bestiaux trouvés en délit, ou des moyens de transport employés par les délinquants. Cette mise en séquestre consiste dans la mise en dépôt, entre les mains d'une tierce personne, des objets séquestrés. — Le garde peut d'ailleurs lui-même se charger de ce dépôt, sous sa responsabilité, s'il ne trouve personne qui veuille l'accepter.

Le Code forestier exige (art. 167) que dans le cas où le procès-verbal porte saisie le garde en fasse, aussitôt après l'affirmation, une expédition qui doit être déposée dans les vingt-quatre heures au greffe de la justice de paix.

Cette formalité est utile à remplir, parce que son omission pourrait donner lieu contre le garde-vente, et par suite contre l'adjudicataire dont il est l'agent, à une action en dommages-intérêts ; mais cette omission n'entraînerait pas la nullité du procès-verbal.

Les juges de paix peuvent donner main-levée provisoire des objets saisis, à la charge du payement des frais de séquestre, et moyennant une bonne et valable caution. — En cas de contestation sur la solvabilité de la caution, il est statué par le juge de paix (C. forest., art. 168).

Si les bestiaux saisis ne sont pas réclamés dans les cinq jours qui suivent le séquestre, ou s'il n'est pas fourni bonne et valable caution, ces bestiaux peuvent être vendus, à charge de se conformer aux dispositions de l'art. 169 du Code forestier.

Indépendamment des formalités qui viennent d'être indiquées, l'administration prescrit en outre aux gardes de faire le procès-verbal sans *déplacer*, c'est-à-dire sur le lieu du séquestre ; il doit être signé par le garde, et par le *gardien ou séquestre* des objets saisis, en l'original et en l'expédition à déposer au greffe de la justice de paix. Si le séquestre ne sait pas signer, il en sera fait mention, et il lui sera laissé copie du procès-verbal *(Extrait de l'instruction administrative placée en tête du livret des gardes)*.


### PERQUISITION ET VISITE DOMICILIAIRE.


Il ne suffit pas, pour qu'un adjudicataire soit déchargé de la responsabilité, que le garde-vente dresse un procès-verbal constatant le fait matériel du délit ; il faut encore que ce procès-verbal prouve que le garde-vente a fait tout ce qu'il était possible de faire pour découvrir le délinquant. — Pour se livrer à ces recherches, le garde-vente sera souvent obligé de pénétrer dans le domicile des citoyens, et il ne peut y arriver qu'en remplissant les formalités prescrites par le § 2 de l'art. 161 du Code forestier ainsi conçu : « Ils (les gardes) ne pourront s'introduire dans les maisons, bâtiments, cours adjacentes et enclos, si ce n'est en présence, soit du juge de paix ou de son adjoint, soit du commissaire de police. »

L'article 162 du même Code ajoute : « Les fonctionnaires dénommés en l'article précédent ne pourront se refuser à accompagner surle-champ les gardes, lorsqu'ils en seront légalement requis par eux. — Ils seront tenus, en outre, de signer le procès-verbal du séquestre ou de la perquisition faite, en leur présence, sauf au garde, en cas de refus de leur part, à en faire mention au procès-verbal. »

L'article 182 de l'ordonnance réglementaire du 1er août 1827 prévoit le cas où les officiers de police judiciaire désignés dans l'art. 161 du Code forestier refuseraient d'accompagner les gardes dans leurs visites et perquisitions. — Le garde-vente doit alors dresser procès-verbal du refus, et adresser sur-le-champ ce procès-verbal à l'agent forestier local.

Quelle que soit l'interdiction faite par l'art. 161 du Code forestier de procéder à aucune perquisition ni visite domiciliaire sans l'assistance des fonctionnaires publics désignés par cet article, le garde-vente peut cependant pénétrer dans un domicile suspect toutes les fois que le chef de famille permet la visite de son domicile, ou l'autorise tacitement par sa présence (Voy. à cet égard le commentaire de l'art. 161 du Code forestier).

### ARRESTATION.

Les gardes-vente auront rarement à exercer le droit d'arrestation qui leur est attribué par les dispositions combinées des art. 31, 163 du Code forestier et 16 du Code d'instruction criminelle. — Dans tous les cas, ils ne doivent pas oublier qu'ils ne peuvent exercer ce droit qu'à l'égard des individus *inconnus surpris en flagrant délit*, ils n'auraient qualité pour arrêter un individu *connu* surpris en flagrant délit, ou dénoncé par la clameur publique, que dans le cas où le délit commis par lui entraînerait la peine d'emprisonnement ou une peine plus grave. — Dans quelque circonstance que l'arrestation soit opérée, le garde-vente doit se borner à appréhender au corps le délinquant, et à le conduire soit devant le juge de paix, soit devant le maire le plus voisin.

## SECTION III.

*Indication des délits qu'un garde-vente peut être appelé à constater.*

#### 1º COUPE OU ENLÈVEMENT DE BOIS.

Les délits de coupe ou enlèvement de bois sont prévus par les art. 192 à 195 et 197 du Code forestier.

Le procès-verbal doit énoncer l'âge, l'essence, la grosseur et la quantité des bois objets du délit ; *cette quantité est évaluée par charge d'homme, de bête de somme ou de voiture, lorsque les bois auront moins de deux décimètres de tour* (C. f., art. 194).

*La circonférence des arbres coupés en délit doit être mesurée à un mètre du sol ; si les arbres ont été enlevés, la circonférence sera mesurée à la partie supérieure de la souche* (C. f., art. 192 et 193).

Le procès-verbal doit en outre énoncer les instruments, voitures et attelages employés pour commettre le délit, ainsi que leur mise en séquestre si elle a été opérée.

*Rapatronage.* — C'est à l'occasion des délits de coupe ou d'enlèvement de bois que se pratique l'opération connue, suivant les localités, sous les noms de *rapatronage, retoquage, souchetage, souchement, ressouchement*, et qui consiste à rapprocher les parties des bois, trouvés au domicile ou en la possession des délinquants, de la souche et des fragments laissés sur le parterre de la forêt. — Cette opération est très-importante et elle demande à être faite avec beaucoup de soin. Ce à quoi les gardes doivent surtout s'appliquer, c'est à relater dans leurs procès-verbaux un ensemble de circonstances telles qu'il ne puisse exister aucun doute sur l'identité des bois de délit avec ceux trouvés en la possession des délinquants. — C'est pour parvenir à ce résultat que l'administration forestière recommande à ses gardes, lorsqu'ils reconnaissent que des bois ont été coupés ou enlevés en délit, de constater (avant de se livrer à toute perquisition) la dimension exacte de chaque souche, sa qualité, son essence, l'âge du bois (au moins par approximation), la qualité et la couleur de l'écorce, le temps présumé de la coupe. — Munis de ces renseignements, les gardes font alors les perquisitions nécessaires, et comparent les signes et indices qu'ils ont recueillis avec ceux que présentent les bois trouvés. — Le procès-verbal de perquisition doit énoncer toutes ces circonstances. — Le prévenu doit être interpellé d'assister au *rapatronage* ; en cas de refus, le garde en fait mention au procès-verbal. — Le *rapatronage* doit toujours être opéré en présence comme en l'absence du prévenu *(Extrait de l'instruction administrative placée en tête du livret des gardes)*.

Dans le cas où les arbres coupés auraient été semés ou plantés depuis moins de cinq ans, le procès-verbal devrait l'exprimer.

Si les arbres enlevés avaient été arrachés, le procès-verbal devrait également l'exprimer, et si l'arrachis avait été commis dans un semis ou une plantation exécutée de main d'homme, le procès-verbal devrait relater cette circonstance.

### 2° MUTILATION D'ARBRES

L'article 196 du Code forestier punit ceux qui auront éhoupé, écorcé ou mutilé des arbres, ou qui en auront coupé les principales branches, de la même peine que s'ils les avaient abattus par le pied. — Il faut donc que les procès-verbaux relatent les circonstances de ces délits, et notamment celles qui sont relatives à la coupe des principales branches. En général on considère comme *principales* les branches qui sont nécessaires à l'existence de l'arbre ou à sa belle venue.

### 3° ENLÈVEMENT DE PRODUITS INTÉRIEURS OU SUPERFICIELS DU SOL FORESTIER.

L'art. 144 du Code forestier punit toute extraction ou enlèvement non autorisé de pierre, sable, minerai, terre ou gazon, tourbe, bruyères, genêts, herbages, feuilles vertes ou mortes, engrais existants sur le sol des forêts, glands, faînes et autres fruits ou semences des bois et forêts.

Les gardes-vente chargés de dresser des procès-verbaux de ces enlèvements ou extractions doivent décrire la nature des productions du sol forestier frauduleusement coupées, extraites ou enlevées, et leur quantité évaluée par charge d'homme, de bête de somme ou de voiture, avec mention, dans ce dernier cas, du nombre des bêtes attelées : *L'évaluation par charge d'homme n'a lieu que dans le cas d'insuffisance de matière pour former une charge de bête de somme ; elle n'a lieu par charge de bête de somme qu'en cas d'insuffisance pour former une charge de voiture* (Extrait de l'instruction administrative placée en tête du livret des gardes).

Le procès-verbal doit, en outre, décrire les instruments, voitures et attelages employés pour commettre le délit.

### 4° PASSAGE EN FORÊT AVEC DES INSTRUMENTS PROPRES A COUPER LE BOIS.

L'article 146 punit d'une amende quiconque sera trouvé hors des routes et chemins ordinaires avec serpes, cognées, haches, scies et autres instruments de même nature. — Les gardes-vente doivent donc constater ce délit, lorsqu'ils le découvrent ; il n'y a d'exception qu'en ce qui concerne les ouvriers employés à l'exploitation.

Pour que le délit prévu par l'art. 146 Code forestier existe, il n'est pas nécessaire qu'il y ait eu coupe ou enlèvement d'arbres, il suffit qu'on ait traversé une forêt, hors des routes et chemins ordinaires, avec des instruments propres à couper le bois.

On doit entendre par routes et chemins ordinaires ceux qui servent de communication de commune à commune, et non les sentiers ou laies établis pour l'exploitation des coupes.

### 5° PASSAGE EN FORÊT AVEC VOITURES.

L'article 147 du Code forestier punit le fait d'avoir passé avec une voiture, soit à bras, soit attelée, en dehors des routes et chemins ordinaires.

Les gardes-vente doivent constater ce délit, et, s'il s'agissait d'un acquéreur qui viendrait prendre livraison de bois vendus par l'adjudicataire, ce fait devrait être indiqué par le procès-verbal, afin que les poursuites pussent être exercées directement, en vertu de l'art. 39 du Code forestier, contre cet acquéreur ou contre ses voituriers. — Dans ce dernier cas, ce n'est pas l'art. 147 qui est applicable, mais bien l'art. 39 du Code forestier qui punit le passage hors des routes ou chemins désignés par le cahier des charges pour la traite des bois.

Le procès-verbal rédigé par le garde-vente dans cette circonstance ne décharge pas *entièrement* l'adjudicataire en ce sens que, dans la rigueur du droit, l'administration peut toujours poursuivre directement l'adjudicataire dont les acquéreurs ne sont considérés que comme les ouvriers (Voy. le comment. de l'art. 39). Mais, le plus ordinairement, l'administration, sans renoncer à son recours contre l'adjudicataire, se contente de poursuivre l'auteur même du délit.

Dans tous les cas, le procès-verbal doit indiquer l'âge de la coupe dans laquelle une voiture attelée, ou non, a été trouvée hors des routes ou chemins ordinaires.

### 6° FEU ALLUMÉ DANS L'INTÉRIEUR OU A PROXIMITÉ DES FORÊTS.

L'art. 148 du Code forestier punit ceux qui auront porté ou allumé du feu dans l'intérieur ou à moins de 200 mètres des forêts. — Les procès-verbaux des gardes-vente doivent donc constater ces délits dans le cas où ils seraient commis soit dans la coupe, soit dans la zone de l'ouïe de la cognée, soit à moins de 200 mètres de cette zone.

## 7° PATURAGE.

Le pâturage dans les forêts est prévu et puni par l'art. 199 du Code forestier qui gradue les peines selon l'espèce des bestiaux, et aussi selon l'âge du bois dans lequel ils ont été trouvés.

Le délit de pâturage existe par cela seul que des bestiaux sont trouvés dans la forêt, alors même que le garde ne les aurait pas vus brouter.

Le procès-verbal doit énoncer l'âge du bois dans lequel le délit aura été commis, le nombre et l'espèce des bestiaux, indiquer s'ils étaient, ou non, sous la garde d'un pâtre; et, en cas de négative, ils doivent toujours être mis en séquestre.

Si le propriétaire de ces bestiaux est connu et solvable, on peut se dispenser de la mise en séquestre.

Le délit de pâturage qu'on a le plus fréquemment à constater dans les coupes est celui qui consiste à introduire des bestiaux non muselés dans les chemins désignés pour la traite des bois. — Lorsque ce délit est commis par un acquéreur de l'adjudicataire qui vient charger des bois gisants sur le parterre de la coupe, le garde-vente doit s'empresser de le constater, afin de diminuer, autant que possible, la responsabilité qui pèse sur l'adjudicataire, et lui offrir, en tout cas, son recours contre qui de droit.

# FORMULES DE PROCÈS-VERBAUX.

### Modèle N° 1.

*Procès-verbal d'un délit quelconque.*

L'an mil huit cent
le                         du mois de

Nous soussigné ,
garde-vente de M.
adjudicataire *(ou entrepreneur)* , de la coupe n°                de la forêt
de                         agissant dans l'intérêt de la responsabilité imposée aux adjudicataires par les articles 45 et 46 du Code
forestier , assermenté selon le vœu de la loi, et demeurant à
Certifions que, faisant notre tournée dans ladite coupe, vers
heures du                , au canton appelé
et dont le bois est âgé de
Nous avons... *(indiquer ici toutes les circonstances du délit, quel qu'il
soit, commis dans la coupe ou à l'ouïe de la cognée. — S'il y a lieu à
saisie, voy. le modèle n° 2).*

Fait et clos à... le

### AFFIRMATION.

Pardevant nous *(juge de paix, maire, adjoint ou conseiller municipal
de...)*, a comparu le sieur                garde-vente dénommé
au rapport qui précède, lequel, après que lecture lui en a été par nous
faite, l'a affirmé par serment sincère et véritable , et a signé avec
nous (1).

A                le .                mil huit cent

*(En cas de refus d'affirmation, voy. ci-dessus p. 30.)*

---

(1) Cette affirmation doit être faite le lendemain de la clôture du procès-
verbal.

Ce procès-verbal doit être enregistré dans les quatre jours de sa clôture ;
mais toujours après l'affirmation.

### Modèle N° 2.

*Procès-verbal contenant saisie et mise en séquestre.*

L'an mil huit cent     etc. *(Comme au modèle n° 1).*

Nous avons trouvé deux individus à nous inconnus , qui étaient occupés à couper, chacun avec une serpe, des bois qu'ils réunissaient en un seul tas, que nous avons présumé devoir former la charge d'un cheval stationnant à environ quinze mètres de l'endroit où le bois était déposé. Ces individus se sont enfuis à notre approche, entraînant avec eux le cheval dont s'agit que nous avons parfaitement reconnu pour être celui du nommé N..., fabricant d'ouvrages de vannerie, et habitant la commune de G.... Désespérant de pouvoir atteindre les délinquants qui avaient sur nous une avance considérable, nous sommes retourné sur le lieu du délit, et là nous avons reconnu que les brins inférieurs à deux décimètres qui composaient le tas dont s'agit pouvaient former cinq fagots non encore attachés ; nous avons reconnu , en outre , que les individus évadés avaient coupé dix brins de chêne de deux décimètres de tour mesurés à un mètre du sol, et huit brins , même essence, de trois décimètres aussi mesurés à un mètre du sol. Nous avons immédiatement lié tous ces bois de délit qui ont été enlevés par le sieur O..., ouvrier de la coupe, et déposés dans une des loges de ladite coupe, et nous nous sommes, aussitôt après, transportés dans la commune de G.. , au domicile du sieur N..., auquel nous avons demandé ce qu'il avait fait de son cheval. Le sieur N... nous a répondu que son cheval n'avait pas quitté son écurie, où il offrit de nous conduire (1). Nous avons aussitôt reconnu que ce cheval était le même que celui aperçu par nous en forêt, et que l'assertion du sieur N... était démentie par ce fait que les jambes du cheval étaient couvertes d'une boue encore humide et en tout semblable à celle du chemin par lequel nous l'avions vu passer pour sortir de la forêt. Pourquoi nous avons déclaré au sieur N..., dont la solvabilité ne nous est pas suffisamment connue, saisie du cheval dont il s'agit , en lui annonçant que nous allions le conduire chez le sieur

---

(1) En cas de refus de laisser faire la visite domiciliaire, voy. le modèle n° 3.

H..., aubergiste, et que l'expédition de notre présent procès-verbal serait déposée par nous, avant la fin du jour, au greffe de la justice de paix, conformément à l'article 167 du Code forestier.

Et de suite, nous nous sommes effectivement transporté chez le sieur H..., aubergiste à G..., qui a déclaré consentir à se charger comme séquestre et gardien judiciaire du cheval dont s'agit. Nous avons appris, en outre, que l'un des individus qui avaient été couper du bois pour le compte du sieur N... pouvait bien être le nommé V..., demeurant chez sa mère à B..., où nous étant transporté, nous avons effectivement reconnu ledit sieur V... comme étant celui qui a averti son codélinquant de notre approche, et s'est enfui avec le cheval. Ce que ledit sieur V... a immédiatement reconnu et avoué être véritable. Sommé par nous de déclarer le nom de son codélinquant, a refusé. Nous nous sommes encore informé auprès de plusieurs personnes des relations du sieur N... avec différents délinquants ; mais nous n'avons rien découvert qui pût diriger nos recherches.

De tout quoi nous avons, sans déplacer, fait et rédigé le présent procès-verbal qui a été signé par nous et par le séquestre, tant sur le présent original que sur l'expédition qui a été à l'instant dressée par nous pour être déposée, aussitôt après l'affirmation, au greffe de la justice de paix de S.

Fait et dressé à            le            mil huit cent

*(Affirmation et enregistrement comme au modèle n° 1er.)*

## MODÈLE N° 3.

*Procès-verbal de perquisition et de visite domiciliaire.*

L'an mil huit cent ...... *(Comme au modèle n° 1.)*

Nous avons reconnu que, à deux cents mètres environ de la coupe en usance dont nous sommes garde-vente, il a été coupé à la cognée un arbre, essence frêne, que nous avions remarqué encore debout deux jours auparavant; les branches et les copeaux dudit arbre étaient éparses à terre,

ainsi que le cimeau. La souche mesurée par nous s'est trouvée être de neuf décimètres de tour. Soupçonnant que ce délit avait pu être commis par le sieur N..., charron, habitant la commune de G... Nous nous sommes transporté chez M. le maire de ladite commune, que nous avons requis de nous accompagner dans la visite domiciliaire que nous nous proposions de faire chez ledit sieur N... M. le maire ayant déféré à notre invitation, nous nous sommes rendus chez ledit sieur N..., en lui faisant connaître le but de notre visite. En parcourant l'atelier du sieur N..., nous avons trouvé plusieurs pièces de bois de frêne dont les unes étaient sèches et les autres provenaient évidemment d'un arbre fraîchement coupé, mais sans aucun reste d'écorce. Sommé par nous de déclarer d'où lui provenaient les pièces de bois fraîchement coupées, et que nous étions étonnés de trouver déjà façonnées, le sieur N... nous répondit les avoir achetées il y a huit jours du sieur V..., son marchand de bois ordinaire. Convaincus de la fausseté de cette allégation, nous avons continué nos recherches, et nous avons trouvé dans un grenier situé au-dessus de l'atelier, et sous un monceau de fagots, plusieurs pièces de bois, essence frêne, provenant d'un arbre fraîchement coupé, et un peu plus loin l'extrémité inférieure d'un frêne coupé à la cognée. Nous avons à l'instant rapproché ces fragments des copeaux trouvés en forêt, et nous avons reconnu à la veine, à l'écorce et à la fraîcheur de la coupe que les uns et les autres provenaient du même arbre. Le sieur N... contestant encore ce résultat, nous l'avons prévenu que nous allions procéder au rapatronage auquel nous l'avons sommé d'assister, ce qu'il a refusé. Convaincus néanmoins de l'identité des bois de délit avec ceux fraîchement coupés trouvés au domicile du sieur N..., nous lui avons déclaré saisie desdits bois estimés trente francs, et l'en avons constitué gardien, avec défense de s'en dessaisir. Et à l'instant nous étant transportés sur le lieu du délit, nous avons reconnu que non-seulement le gros bout du frêne coupé s'adaptait parfaitement à la souche, mais aussi que l'une des pièces de bois qui avait encore son écorce se rapportait parfaitement avec une branche supérieure laissée en forêt. De tout quoi nous avons dressé procès-verbal que nous avons clos à          le
mil huit cent.....

*(Affirmation et enregistrement comme au modèle nº 1.)*

## Modèle N° 4.

### *Arrestation.*

**L'an mil huit cent...** (*Comme au modèle n° 1.*)

Nous avons trouvé, à l'ouïe de la cognée, à environ 180 mètres de la coupe en usance, un individu muni d'une serpe qui coupait des brins inférieurs à deux décimètres de tour, et en avait fait deux fagots. Nous étant approché et l'ayant sommé de nous dire ses noms, prénoms, profession et demeure, a déclaré se nommer N... demeurant à G... La personne de cet individu nous étant inconnue, aussi bien que le nom qu'il nous a déclaré être le sien, nous l'avons sommé de nous exhiber les papiers propres à établir son individualité. Il nous a répondu qu'il n'en avait point. Pourquoi nous avons déclaré au susnommé procès-verbal avec saisie de la serpe dont nous nous sommes emparé, et nous l'avons sommé de nous suivre chez M. le maire de la commune de G..., ce à quoi il a consenti. Et étant arrivés chez M. le maire, nous n'avons pas trouvé ce magistrat, non plus qu'aucun de ses adjoints (1). En conséquence, nous nous sommes transportés chez M. L..., conseiller municipal, le premier dans l'ordre du tableau, et nous l'avons requis de recevoir la personne du susnommé, pour être statué à son égard ce que de droit, ce à quoi mondit sieur L... a consenti. De tout quoi, nous avons dressé le présent procès-verbal qui a été clos à G...
le            mil huit cent..., et avons signé avec M. L..., conseiller municipal remplissant les fonctions de maire pour le maire et ses adjoints absents momentanément.

*(Affirmation et enregistrement comme au modèle n° 1.)*

---

(1) Si le délit a été commis dans une commune chef-lieu de canton, on doit d'abord conduire le délinquant chez le juge de paix.

## MODÈLE No 5.

*Procès-verbal avec saisie des bestiaux.*

L'an..... (*Comme au modèle n° 1.*)

Nous avons trouvé trois vaches, dont deux rouges et une noire, pâturant sans gardien sur la lisière de la coupe. Après avoir regardé de tous côtés et appelé à plusieurs reprises pour découvrir le gardien de ces vaches dont nous ne connaissons pas le propriétaire, nous les avons conduites chez le sieur N..., fermier demeurant à la ferme de G..., en lui déclarant que nous le constituions séquestre et gardien judiciaire des dites vaches, ce qui a été accepté par ledit sieur N..., lequel a promis de représenter lesdites vaches à toute réquisition de justice.

De tout quoi nous avons, sans déplacer, et au domicile du sieur N..., dressé le présent procès-verbal, etc. (*La fin comme au modèle n° 2.*)

*(Affirmation et enregistrement comme au modèle n° 1.)*

## Modèle N° 6.

*Procès-verbal constatant l'impossibilité de découvrir les délinquants.*

Nous avons reconnu *(indiquer ici la nature du délit, ainsi que les traces qui peuvent encore exister sur le sol.)*

N'ayant trouvé aucune indication qui pût nous mettre sur la trace de l'auteur ou des auteurs du délit, nous avons prévenu le garde du triage de la reconnaissance par nous faite, et l'avons invité à concourir avec nous à la découverte des délinquants.

Et de fait nous nous sommes transporté avec M. N..., garde forestier à la résidence de V..., dans la commune de G..., puis dans la commune de B..., dans lesquelles communes nous avons pris auprès de MM. les maires et auprès de MM. M... et H... divers renseignements à l'aide desquels nous avons fait, accompagné de MM. les maires et du garde sus-nommé, des visites domiciliaires chez les sieurs B..., D... et F..., sans que ces visites aient produit aucun résultat.

Pourquoi, et attendu que nous avons fait toutes les démarches qui étaient en notre pouvoir afin de découvrir les délinquants, sans avoir pu y parvenir, nous avons dressé le présent procès-verbal pour servir et valoir ce que de droit.

Clos à            le            mil huit cent

*(Affirmation et enregistrement comme au modèle n° 1.)*

# TABLE DES MATIÈRES.



FIN.